外研社汉语分级读物——中文天天读
FLTRP Graded Readers — Reading China

奇妙的中文
Marvellous Chinese

2A

顾　问：魏崇新　张晓慧　吴丽君
主　编：朱　勇
编　著：朱　勇　霍　华
翻　译：李娟娟

外语教学与研究出版社
FOREIGN LANGUAGE TEACHING AND RESEARCH PRESS
北京　BEIJING

图书在版编目（CIP）数据

奇妙的中文＝Marvellous Chinese：2A/朱勇，霍华编著；李娟娟译．－北京：外语教学与研究出版社，2009.3
（2011.6重印）（外研社汉语分级读物：中文天天读／朱勇主编）
ISBN 978－7－5600－8234－9

Ⅰ.奇…　Ⅱ.①朱…　②霍…　③李…　Ⅲ.汉语—对外汉语教学－语言读物 Ⅳ.H195.5

中国版本图书馆CIP数据核字（2009）第034386号

出　版　人：于春迟
责任编辑：周　微
装帧设计：姚　军
插图绘制：北京碧悠动漫文化有限公司
出版发行：外语教学与研究出版社
社　　　址：北京市西三环北路19号（100089）
网　　　址：http://www.fltrp.com
印　　　刷：北京盛通印刷股份有限公司
开　　　本：889×1194　1／16
印　　　张：7
版　　　次：2009年3月第1版　2011年6月第2次印刷
书　　　号：ISBN 978－7－5600－8234－9
定　　　价：39.00元（含CD光盘一张）
＊　　　＊　　　＊
如有印刷、装订质量问题出版社负责调换
制售盗版必究 举报查实奖励
版权保护办公室举报电话：　（010）88817519
物料号：182340001

编写说明

　　众所周知，阅读是成人外语学习者获得语言输入的重要方式。只有加强阅读，增加语言输入量，才能更快地学好一门外语。基于此，如何让学习者有效利用课余时间，通过快乐阅读、随意阅读来促进其语言学习，一直是众多语言教学与研究者所关注的课题之一。

　　令人遗憾的是，适合各种水平汉语学习者阅读需要的汉语分级读物，长期以来一直处于相对短缺的状态。鉴于此，外语教学与研究出版社 2007 年发起并组织编写了本套系列汉语分级读物——《中文天天读》，用于满足各级水平汉语学习者的阅读需求，让学习者在快乐阅读的同时有效提高自己的汉语水平。同时，也通过巧妙的关于中国社会、历史、文化背景的介绍与传达，为所有汉语学习者真正开启一扇了解当代中国的窗口。

　　《中文天天读》按语言难度分为 5 级，每级各有 A、B、C 等不同的分册，可适合不同级别的学习者使用。文章字数等具体说明请看下表。

级　别	文章字数	词汇量	篇　目	已学时间
1级	100～150	500	25篇	三个月（160学时）
2级	150～300	1000	25篇	半年（320学时）
3级	300～550	2000	25篇	一年（640学时）
4级	500～750	3500	20篇	两年（1280学时）
5级	700～1200	5000	18篇	三年（1920学时）

　　为方便更多语种的学习者学习，《中文天天读》将陆续出版英、日、韩、西、德、法、意、俄等十多种语言的版本，学习者可根据情况自选。

《中文天天读》大致有以下几个模块：

1. 阅读前模块——导读。导读主要是一两个跟文章有关的问题，类似于课堂导入，主要是激发学生的兴趣，起到热身的作用。

2. 阅读中模块，包括正文、边注、插图。边注是对生词进行随文对译和解释的一种方式，目的是帮助学习者扫清生词障碍，迅速获得词义。它有助于降低文章难度，保持阅读速度。插图也是《中文天天读》的一大特色。插图中反映的都是课文的核心内容，也经常出现课文中的关键句子。这些都有助于读者"见图知义"，快速理解课文内容。

3. 阅读后模块，包括语言点、练习和小知识。语言点是对重点词语或结构的简单说明。每个语言点的第一个例句大多是课文中的原句，其他例句的目的是帮助学生"温故而知新"，句子中着力使用已学课文中的生词或者语境。练习题的题型主要有问答题、选择题、判断题、填表题等，都和内容理解有关。《中文天天读》的题量不大，因为过多的练习会破坏阅读的乐趣。小知识中，有的是跟文章内容密切相关的背景知识，读了以后直接有助于理解课文；有的跟文章有一定关系，是对课文内容的补充和延伸；还有一种则属于一般性的中国文化、历史地理知识介绍。

与同类材料相比，《中文天天读》具有以下特点：

1. 易读易懂。"容易些，再容易些"是我们编写《中文天天读》一直持有的理念。对于每篇选文的生词、字数我们都有严格的控制。我们还通过为边注词、小知识等配以英、日、韩、西等不同语种译文的方式，方便学习者更好地理解课文。此外，每课均配有与课文、小知识内容匹配的漫画或图片，通过这些关键线索，唤起读者大脑中的相关图式，有效地起到助读的作用。

2. 多样有趣。"兴趣是最好的老师"，我们力求选文富有情趣。选文伊始，我们即根据已有经验以及相关调查，对留学生的需求进行了分析，尽可能保证选文在一定程度上能够投其所好。具体做法是：（1）话题多样，内容丰富。这样可以保持阅读的新鲜感。《中文天天读》各册从普通中国人的衣食住行、传统风俗与现代生活的交替到中国当代的社会、经济、语言、文化等内容均有涉及，有的还从中外对比的角度来叙述和分析，力求让读者了解到中国社会的真实面貌，同时还可以对学生的跨文化交际能力起到一定的指导作用；（2）文体多样，形式活泼。《中文天天读》中，记叙文、说明文、议论文、书信、诗歌、小小说等文体不拘一格，让读者充分了解汉语的不同体裁，感受中文的魅力。

3．注重实用。选文比较实用，其中不少文章都贴近留学生的生活。有的文章本身就是一些有助于留学生在中国的学习、生活、旅行、工作的相关介绍，可以学以致用。

4．听读结合。《中文天天读》每册均配有相应的 CD 或 MP3，读者既可以通过"读"的方式欣赏地道的中文，也可以通过"听"的方式感受纯正的普通话。这两种输入方式会从不同的角度帮助学习者提高汉语水平。

在编写过程中，我们从阅读教学专家、全国对外汉语优秀教师刘颂浩先生那里获益良多；我的同事马晓冬博士提出了许多建设性的意见；外语教学与研究出版社汉语分社给予该项目以大力支持，李彩霞、李扬、庄晶晶、颜莉、于辉、许杨等编辑为《中文天天读》的策划、编写做出了特别贡献；北外中文学院 2006 级、2007 级的 10 多位研究生在项目启动之初的选文方面也给我们很多帮助，在此一并致谢！

欢迎广大同行、读者批评指导，也欢迎大家将使用过程中发现的问题反馈给我们，以便再版时更上一层楼。联系方式：zhuyong1706@gmail.com。

朱勇

2011 年 5 月

Preface

It is common knowledge that reading is an important input channel for adult learners of a foreign language. Extensive reading can ensure adequate language input and fast, efficient learning. Therefore, both language researchers and teachers emphasize large amount of reading in addition to classroom learning.

Regrettably, well designed and appropriately graded reading materials for second-language learners are hard to come by. Aware of the shortage, the Foreign Language Teaching and Research Press initiated in 2007 the compilation of *Reading China*, a series of readers tailored to the diverse needs of learners at different levels of Chinese proficiency. The readers feature fun stories of present-day China, with introductions on Chinese history, culture and everyday life.

There are altogether five levels in the series, each consisting of several volumes. Please refer to the table below for specific data:

Level	Length of Texts (words)	Vocabulary	Number of Texts	Prior Chinese Learning
1	100 ~ 150	500	25	Three months (160 credit hours)
2	150 ~ 300	1000	25	Half a year (320 credit hours)
3	300 ~ 550	2000	25	One year (640 credit hours)
4	500 ~ 750	3500	20	Two years (1280 credit hours)
5	700 ~ 1200	5000	18	Three years (1920 credit hours)

Other language versions of the series, such as Japanese, Korean, Spanish, German, French, Italian and Russian, will come off the press soon to facilitate the study of Chinese learners with these language backgrounds.

Each book of the series includes the following modules:

1. Pre-reading—Lead-in. This part has one or two interesting warming-up questions, which function as an introduction to a new text.

2. Reading—Texts, Side Notes and Illustrations. Side Notes provide equivalents and explanations for new words and expressions to help learners better understand the text. This part also keeps the degree of difficulty of the texts within reasonable bounds so that learners can read them at a reasonable speed. Illustrations are another highlight of the series. They help learners take in at a glance the key sentences and main ideas of the texts.

3. After-reading—Language Points, Exercises and Cultural Tips. The Language Points part hammers home the meaning and usage of important words and expressions, or grammar points in one of the sentences from the text. Two follow-up example sentences, usually with words, expressions or linguistic contexts from previous texts, are given to help learners "gain new insights through review of old materials". In Exercises, a small amount of questions, choice questions, true or false questions and cloze tests, are designed to check learners' comprehension of the texts without spoiling the fun of reading. In Cultural Tips, background information is provided as supplementary reading materials. Some are related to the texts and some are just general information about Chinese culture, history and geography.

Reading China stands out among similar readers because of the following features:

1. User-friendliness: "Reading should be as easy as possible", a principle consistently followed by the compilers, through strict control of the number of new words and expressions in each text, the Side Notes, the translations given in Language Points and Cultural Tips, illustrations and pictures.

2. Diversity and fun: The compilers have taken great pains in choosing interesting stories because "interest is the best teacher". We also try to cater to foreign students' reading preferences by analyzing their learning expectations on the basis of our teaching experience and surveys. Firstly, a wide range of topics is included to sustain the freshness of reading. The stories touch upon many aspects of Chinese life. In some cases, similarities and differences between Chinese and foreign cultures are compared and analyzed to give learners a realistic idea about contemporary China and improve their cross-cultural communication ability. Secondly, different writing genres and styles are selected, such as narrations, instructions, argumentations, letters, poems, mini-stories, etc. In this way, learners can fully appreciate the charm of the Chinese language.

3. Practicality: Many texts are closely related to foreign students' life in China and contain practical information about studying, living, traveling and working in China.

4. Listening materials: MP3 or CDs are provided for each book of the series. Integration of audio input through listening and visual input through reading will further improve learning results.

In the course of our compilation work, we have benefited a great deal from the expertise of Mr. Liu Songhao, an expert in teaching Chinese reading and an excellent teacher of Chinese as a second language. Dr. Ma Xiaodong, my colleague, has provided many inspiring suggestions. Our heartfelt gratitude goes to the directors and editors of the FLTRP Chinese Publishing Division, in particular Li Caixia, Li Yang, Zhuang Jingjing, Yan Li, Yu Hui and Xu Yang, for their contribution to the planning and compilation of this series. We also wish to thank more than ten postgraduate students of the years 2006 and 2007 at BFSU for their help in collecting materials at the early stage of this project.

We would greatly appreciate suggestions and comments from learners and teachers of Chinese as a second language and would accordingly improve the books in the future. Contact information: zhuyong1706@gmail.com.

Zhu Yong

May, 2011

感谢您关注并选用《中文天天读》！关于怎样更好地使用这套阅读资源，作为编者，我们在这里提出几点建议，供您参考。

一、教材选用

《中文天天读》是一套以"在快乐阅读中体验汉语并了解中国"为目的的分级读物。因为它每一册的容量都不太大，每一课都编配有语言点例释和练习，所以又可以作为专门的阅读教材来使用。

教师可以根据《中文天天读》"编写说明"中每一级在长度、词汇量、篇目等方面的信息，结合学习者的水平来选用相应级别的教材。《中文天天读》每一级又包括 A、B、C 3 册，其难度为 A<B≤C，每一册的容量减少，使其适合国外的学时。这样国外选用时从 3 册中选取 1 册或 2 册，国内选用时根据学时选用 2 册或 3 册。教师可按照先 A 后 B 再 C 的顺序展开教学。如果是习惯给学生留课外作业的老师，也可以把相应级别中较为容易的 A 册或 B 册作为课外阅读任务，让学生课下完成，相应地，以 B 册或 C 册作为课堂教学的教材。

二、课程进度

《中文天天读》纸质版本中每课的练习量都比较少，一般来说，2 课时左右可以完成 1-2 篇课文的教学。如果是国内的长期教学，每周 2-4 课时的话，一学期可以完成两册书的教学。如果是短期教学或者在国外课时比较少的情况下，一个教学周期一般能完成一册书的教学。另外，我们设立了《中文天天读》配套网络资源库（博客"大家的《中文天天读》"http://blog.sina.com.cn/u/1869145497），逐步将每一课的补充练习置入资源库中，免费提供给所有使用者。这些练习可以作为课堂练习使用，也可以作为课后作业留给学生，但老师都要根据学生的实际情况给予必要的引导。教师也可以把课本中的练习和补充练习综合起来，自己决定课堂练习和课后作业的分配。当然，这些不同的安排可能都会影响到您具体的进度，相信每一位老师都会有比较恰当的把握。

三．教学过程

阅读前。《中文天天读》每一课的"导读"可以作为教师的导入语来使用，教师根据实际情况可以让学生进行简单的讨论；正文的插图也可以作为导入材料，让学生读前先看插图，通过插图来猜测课文反映的内容，这样课本就变成了一份看图说话的练习资料；教师也可以从听入手，在读前让学生听一遍配套的 CD 或 MP3。这样多种途径结合，可以充分调动学习者的阅读兴趣和相关的图式背景，为更好地理解阅读材料服务。

阅读中。可以综合运用默读、轮读、小组读、带着问题查读等多种形式，使学习者对阅读材料达到充分的感知。

阅读后。《中文天天读》的练习大致可以分为四种：课文理解题主要检测学习者对课文的理解程度；语言练习题、阅读技能训练题和写作题则可以帮助学习者积累语言知识，并提高读写技能。书中的小知识可以作为课堂阅读的补充，也可以作为课下阅读材料使用，教师可在其基础上适当作一些话题扩展，将语言学习与文化习得有机结合起来，让学生在不知不觉中伴随性地获得有关中国历史文化的知识。配套的 CD 或 MP3 也可以放在读后来听，以达到复习巩固的目的。

Welcome to use *Reading China*! As the compiler, we would like to offer some suggestions concerning how to better make use of this set of reading materials.

1. How to choose books

Reading China is a set of graded reading materials targeting at "experiencing Chinese and understanding China through happy reading". Since the number of lessons in each book is not too much and each lesson is equipped with Language Points and Exercises, this series can be used as reading textbooks in class.

Teachers are advised to read the "Preface" at the beginning of the books for information on length of texts, vocabulary, and number of texts of each level of books, and choose the appropriate level for the learners. There are three volumes in each level of *Reading China* – A, B and C, and the level of difficulty is A<B≤C. The number of texts in each book is cut down so as to tally with class hours in overseas schools. Teachers using this set of books overseas can choose one or two books from a level for classroom use and teachers using the books in China can choose two or three books from a level. They can follow the order starting from Book A to Book B and then to Book C. Or, for teachers who would like to assign homework for students, they can designate Book A or Book B, which are relatively easier, as reading materials outside class and use Book B or Book C as textbooks for classroom teaching.

2. How to make the schedule

The exercises for each lesson in *Reading China* are not too much. Generally speaking, one to two texts can be finished in a two-hour class. For long-term training programs in China, two books can be covered in a semester if there are two to four class hours in a week; for short-term training programs or overseas programs, one book can be covered in a teaching session. What's more, we have established a supportive online resource pool for the series (blog: "Everyone's *Reading China*", http://blog.sina.com.cn/u/1869145497) . Supplementary exercises for each lesson will be available at the resource pool for free. These exercises can be used either as classroom exercises or as afterschool homework. In either case, teachers are advised to provide necessary guidance in accordance with students' ability. The teachers can also combine the exercises in the books and supplementary exercises online and decide which ones are done in class and which are for homework. Since different arrangements may take some extra time, teachers are free to make their own schedule.

3. How to teach with this series

Pre-reading: Teachers can develop their own class introductions on the basis of Lead-in at the beginning of each lesson and think of some topics for discussions for students. On the one hand, with the help of Illustrations, students can look at the pictures before reading the texts to guess what the text is about. In this way, the series become exercise materials for "look and say" practices. On the other hand, with the help of CD or MP3, students can listen to the recording before reading the texts to get a general idea. A combination of different methods can effectively activate learners' interest in reading and enhance their knowledge of the background, so as to better help with their understanding of the texts.

Reading: There are a variety of ways of reading the texts, such as silent reading, reading in pairs, reading in groups, reading with questions in mind, through which learners can acquire an adequate perception of the reading materials.

After-reading: There are four types of exercises in *Reading China*. Apprehension questions examine learners' understanding of the texts. Language practice, reading skill trainings and writing tasks help learners accumulate knowledge about the language and improve their skill of reading and writing. Cultural Tips can serve as the extension of in-class reading or as after school reading materials. Teachers may further explore the topics to integrate language learning with cultural acquisition, so that students can acquire more knowledge about China's history and culture in an easy and interesting way. Students can listen to CD or MP3 after reading the texts to consolidate what has been learned.

目　录
Contents

1

"Ān" de yìsi shì shénme?
"安" 的 意思 是 什么?
What Does "安" Mean?

你去过天安门吗？
你知道汉字"安"的意思是什么吗？

屋里有个女人，会怎么样？

麻烦！

告诉 v.
tell, let know

房屋 n.
house, building

Shàng Hànzì kè de shíhou, lǎoshī yìbiān shuō yìbiān zài hēibǎn
上　汉字课的时候，老师　一边　说　一边　在　黑板

shang xiěle yí gè "bǎogàir", gàosu dàjiā, "bǎogàir" zài Hànzì zhōng
上　写了　一　个　"宀"，告诉　大家，"宀"　在　汉字　中

shì "fángwū" de yìsi. Ránhòu, tā yòu zài xiàmian xiěle gè "nǚ"
是　"房屋"　的　意思。然后，她　又　在　下面　写了　个　"女"

zì, wèn dàjiā: "Wūzi li yǒu gè nǚrén, huì zěnmeyàng?"
字，问 大家："屋子 里 有 个 女人，会 怎么样？"

Yí gè xuésheng huídá: "Máfan!"
一 个 学生 回答："麻烦！"

Dàjiā dōu xiào le.
大家 都 笑 了。

Lǎoshī wēixiàozhe shuō: "Rúguǒ fángzi li yǒu gè nǚrén, jiù
老师 微笑 着 说："如果 房子 里 有 个 女人，就

huì píng'ān. Suǒyǐ Hànzì de 'ān' zì jiù shì 'bǎogàir' xiàbian jiā yí
会 平安。所以 汉字 的 '安' 字 就 是 '宀' 下边 加 一

gè 'nǚ' zì."
个 '女' 字。"

回答 *v.*	answer, reply
麻烦 *adj.*	troublesome, inconvenient
微笑 *v.*	smile
平安 *adj.*	safe and sound
所以 *conj.*	so, therefore, as a result
加 *v.*	add

想一想 Questions

"安" 的意思是什么？

有 "宀" 的汉字还有什么？

15

语言点 Language Points

<table>
<tr>
<td>

一边……一边……

while … as …

</td>
<td>

1. **老师一边说一边在黑板上写了一个 "宀"。**

The teacher wrote a "宀" on the blackboard while he was speaking.

"一边……一边……"，关联副词。表示两种以上的动作同时进行。用在动词前。

"一边……一边……" is a correlative adverb, usually used before verbs to indicate two actions happen together.

(1) 同学们一边唱歌一边跳舞，都很高兴。

(2) 他一边想一边回答问题。

</td>
</tr>
<tr>
<td>

然后

then

</td>
<td>

2. **然后，她又在下面写了个 "女" 字。**

Then, she wrote a "女" underneath it.

"A，然后 B" 中的 "然后"，连词。表示一件事情之后接着发生另一件事情。

"然后" in "A，然后B" is a conjunction with the meaning of "then, afterwards", normally used to indicate an event that occurs after another.

(1) 星期天上午我洗了衣服，然后跟朋友一起去看电影。

(2) 他每天早晨起床后，先去操场跑步，然后吃早饭。

</td>
</tr>
<tr>
<td>

如果……就……

if…then...

</td>
<td>

3. **如果房子里有个女人，就会平安。**

If there is a woman in the house, it will be safe and sound.

"如果"，表示假设。"就"，引出结果。"如果……就……" 连接两个小句。

"如果" indicates an assumption. "就" introduces certain results or consequences. "如果……就……" is used to connect two clauses.

(1) 如果明天下雨，我们就不去公园了。

(2) 如果有很多钱，我就买汽车。

</td>
</tr>
</table>

练 习 Exercises

判断正误。 True or false.

(1)"宀"在汉字中的意思是房屋。 （　　）

(2)"安"字的意思是房屋。 （　　）

(3)学生们正在上汉字课。 （　　）

小知识 Cultural Tips

汉字的造字法
The Approaches of Chinese Character Creation

　　"安"的意思是什么？从汉字造字法来看，是"宀"与"女"的合意，屋里有个女人就"安定、平静"，属于汉语的会意字。汉字的发展经历了很长时间的演变，主要有四种造字法：象形、指事、会意、形声。其中象形造字法是汉字造字的基础。用这种方法人们创造了最原始的文字，例如："日"写成⊙，"月"写成𝕯，水写成〰，牛写成ψ等。但这种造字法有很大的局限性，满足不了语言发展的需要，所以就逐步产生了指事字、会意字、形声字。

What does "安" mean in Chinese? According to the approaches of character creation, it belongs to the category of Associative Characters. Its meaning derives from the combination of "宀" (literally means a house) and "女"(literally means a woman), meaning settled, quiet or tranquil because there is a female in the house. The development of Chinese characters has undergone a very long history and has formed mainly four approaches of character formation, namely the pictographic approach, explanatory approach, associative approach and pictophonetic approach, among which the pictographic approach functions as the basis for the creation of Chinese characters. Through the pictographic approach, ancient Chinese created some primeval characters, such as ⊙ (sun), 𝕯 (moon), 〰 (water) and ψ (bull), etc. However, due to the limitation of the pictographic approach, the approaches of explanatory, associative and pictophonetic character creation gradually came into being and were employed to meet the need of Chinese language development.

2

Táoqì   de   háizi

淘气的孩子

A Naughty Child

你小时候是一个淘气的孩子吗？

问题 *n.* question

Érzi: Bàba, wǒ yǒu yí gè wèntí.
儿子：爸爸，我 有 一 个 问题。

Fùqīn: Shénme wèntí?
父亲： 什么 问题？

Érzi: Nǐ yǒu jǐ gè míngzi?
儿子：你 有 几 个 名字？

父亲：Wǒ zhǐ yǒu yí gè míngzi ya!
父亲：我 只 有 一 个 名字 呀!

Érzi: Bú yào piàn wǒ! Nǐ bú shì hái yǒu yí gè míngzi, jiào
儿子：不 要 骗 我! 你 不 是 还 有 一 个 名字，叫

"táoqì" ma?
"淘气" 吗?

Fùqīn: Táoqì? Shéi shuō de?
父亲：淘气? 谁 说 的?

Érzi: Jīntiān shàngkè de shíhou, lǎoshī zài tóngxué miànqián shuō
儿子：今天 上课 的 时候，老师 在 同学 面前 说

wǒ shì "táoqì" de háizi.
我 是 "淘气" 的 孩子。

骗 *v.* lie, cheat, deceive	
淘气 *adj.* naughty	
面前 *n.* in the presence of someone	

想一想 Questions

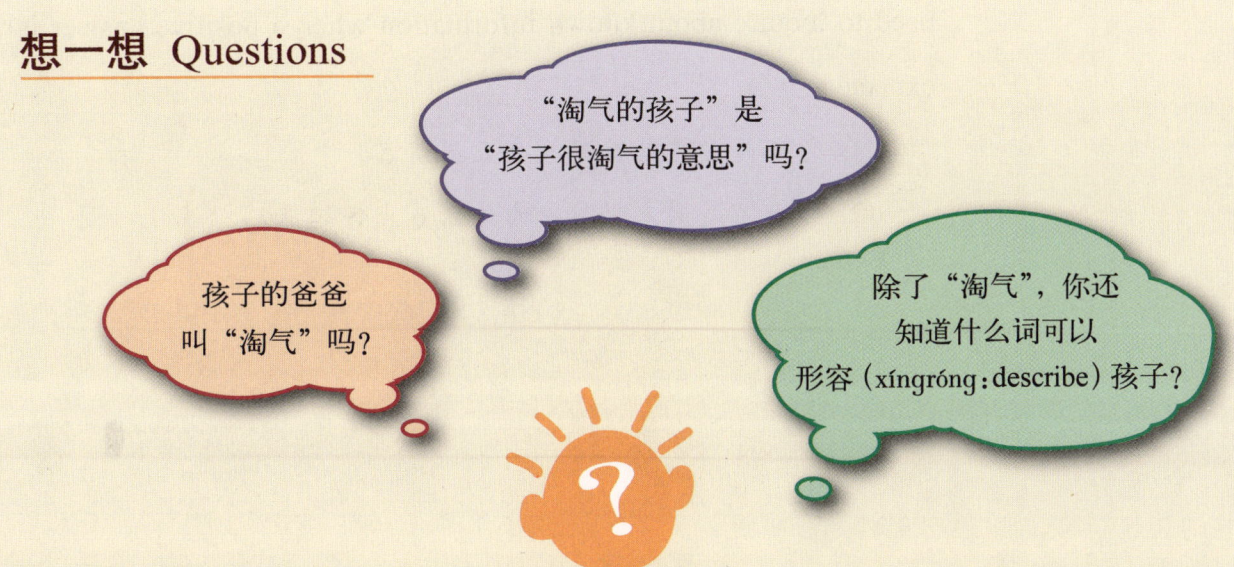

"淘气的孩子" 是
"孩子很淘气的意思" 吗?

孩子的爸爸
叫 "淘气" 吗?

除了 "淘气"，你 还
知道 什么 词 可以
形容 (xíngróng: describe) 孩子?

语言点 Language Points

只
only

1. **我只有一个名字呀！**

   I've got only one name!

   "只"，副词。表示除此以外没有别的。

   "只" is an adverb and means "only" and "nothing else".

   (1) 这件事，他只告诉了他女朋友。

   (2) 今天的汉语课，我们只学习了一个汉字。

不是……吗？
haven't you?

2. **你不是还有一个名字，叫"淘气"吗？**

   You've got another name *Naughty*, haven't you?

   "不是……吗？"用否定的形式发问，一般是对已知的信息进行询问，希望得到肯定的回答。

   "不是……吗？" raises questions in a negative way. Usually, it is used to inquire about known information when a positive answer is expected.

   (1) 你不是爱吃烤鸭吗？今天我请客。

   (2) 今天不是周末吗？你为什么 6 点钟起床？

练 习	Exercises

1. 判断正误。True or false.

(1) 爸爸只有一个名字。 （　　）

(2) 爸爸骗了儿子。 （　　）

(3) 老师觉得"儿子"很淘气。 （　　）

2. 选择正确答案。Choose the correct answer.

(1) （　　）说"我"是淘气的孩子。

    A. 爸爸　　　　B. 老师　　　　C. 同学

(2) 老师在（　　）的时候，说"我"很淘气。

    A. 上课　　　　B. 下课　　　　C. 吃饭

小知识	Cultural Tips

汉语的领属关系和修饰关系
Possessive and Attributive Relations in Chinese

他的孩子
his child

淘气的孩子
a naughty child

在汉语中，"名词／代词＋的＋名词"表示领属关系。例如，"他的孩子"。"形容词＋的＋名词"构成修饰关系。例如，"淘气的孩子"。

In Chinese, "*n./pron.*+的+*n.*" indicates a possessive relation, as in "他的孩子". However, "*adj.*+的+*n.*" indicates an attributive relation, as in "淘气的孩子".

Wǒ hěn kùn!
我很困!
I Am Sleepy!

想睡觉的时候有人打扰（dǎrǎo：disturb）你，怎么办？
看看下面这个司机是怎么做的。

我不知道
时间!
我很困!

躺 v.
lie down

表 n.
watch

敲 v.
knock

Yí wèi qìchē sījī bǎ chē tíng zài lù biān, xiǎng shuì
一 位 汽车 司机 把 车 停 在 路 边，想 睡

yíhuìr. Tā gāng tǎngxià, jiù yǒu rén wèn shíjiān, tā kànkan biǎo
一会儿。他 刚 躺 下，就 有 人 问 时间，他 看看 表

shuō: "Kuài dào shí'èr diǎn le." Tā gāng shuì, yòu yǒu rén qiāo
说："快 到 十二 点 了。"他 刚 睡，又 有 人 敲

chuānghu: "Xiānsheng, nín zhīdào shíjiān ma?" Tā zhǐhǎo zàicì kàn
窗户："先生， 您 知道 时间 吗？"他 只好 再次 看

biǎo, huídá shuō: "Shí'èr diǎn bàn le."
表，回答 说："十二 点 半 了。"

Dàn qiāo chuānghu de rén tài duō, tā gēnběn bù néng
但 敲 窗户 的 人 太 多， 他 根本 不 能

shuìjiào, yúshì xiěle gè zhǐtiáo tiē zài chēchuāng shang: Wǒ bù
睡觉， 于是 写了 个 纸条 贴 在 车窗 上：我 不

zhīdào shíjiān! Wǒ hěn kùn! Sījī zàicì tǎngxià. Dàn jǐ fēnzhōng
知道 时间！我 很 困！司机 再次 躺下。但 几 分钟

hòu, yòu yǒu yí gè rén qiāo chuānghu: "Wèi, xiānsheng, xiànzài shì
后，又 有 一 个 人 敲 窗户："喂， 先生， 现在 是

xiàwǔ yì diǎn chà yí kè."
下午 一 点 差 一 刻。"

窗户 *n.* window	
贴 *v.* stick, paste	
困 *adj.* sleepy	

想一想 Questions

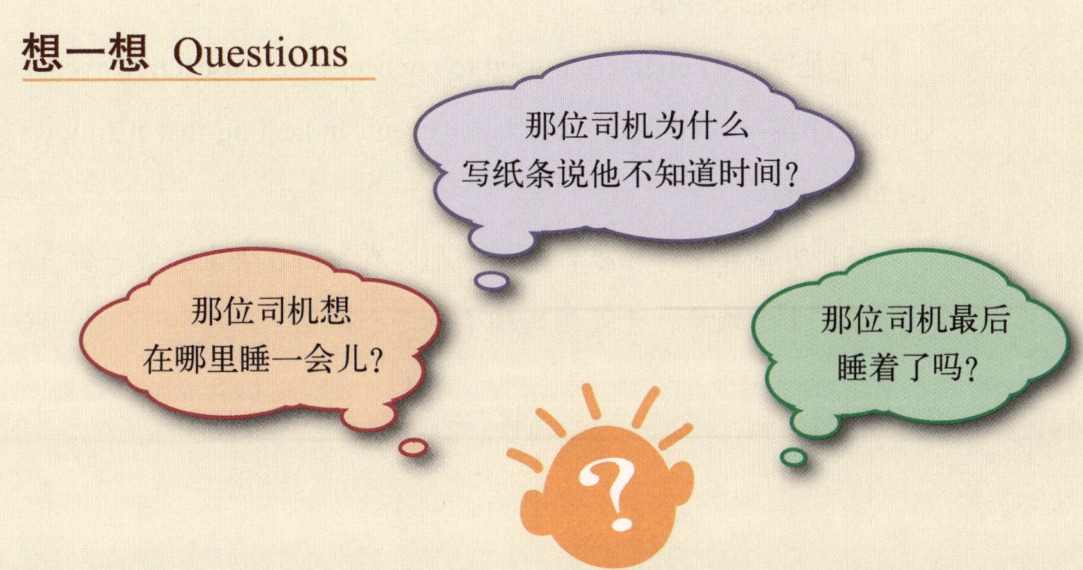

那位司机为什么
写纸条说他不知道时间？

那位司机想
在哪里睡一会儿？

那位司机最后
睡着了吗？

语言点 Language Points

根本
at all

1. 敲窗户的人太多，他根本不能睡觉。

Too many people came to knock at the window. He could not fall asleep at all.

"根本"，副词。是"完全"的意思。多用于否定句。

"根本" is an adverb which means "at all", mostly used in negative sentences.

(1) 昨天我根本没见过他。

(2) 他经常撒谎（sāhuǎng: lie），我根本不会相信他的话。

于是
so

2. 他根本不能睡觉，于是写了个纸条贴在车窗上。

He could not fall asleep at all. So he stuck a note on the window.

"于是"，连词。连接两件事，放在后一件事的开头，表示后一件事承接前一件事。

"于是" is a conjunction used to connect two consecutive events. Usually, it is placed before the latter event, indicating that it follows the first event.

(1) 听说北京烤鸭很好吃，于是，我和朋友决定去尝一尝。

(2) 儿子饿了，于是妈妈给了他一个面包。

练 习 Exercises

选择正确答案。Choose the correct answer.

(1) 这个司机是（　　）。

　　A．男的　　　　　B．女的　　　　　C．不知道

(2) 司机开始想睡觉的时间是（　　）。

　　A．快到十二点　　B．十二点半　　　C．一点差一刻

(3) 司机写了个纸条贴在车窗上，是因为（　　）。

　　A．想问时间　　　B．想睡觉　　　　C．想告诉路人时间

小知识 Cultural Tips

中国人午睡的习惯
Taking an Afternoon Nap: a Habit of the Chinese

　　午睡是很多中国人的习惯。一般认为，午睡能使人得到放松与休息，在帮助人放松心情、减轻压力、消除疲劳方面，比喝咖啡和可乐更有效。这种放松方式对现代人越来越重要，而且午睡以后工作效率会更高。但要做到健康午睡，也有几点需要注意：午睡前不要吃得过饱，饭后半小时开始午睡，时间以半小时以内为宜。有条件的，午睡最好躺着。

　　Taking an afternoon nap is a habit of many Chinese people. Afternoon nap is considered by many people as a relaxing rest that is more effective than coffee or Cola in refreshing oneself, reducing pressure and relieving tiredness. This kind of relaxation is becoming more and more important to modern people. Moreover, efficiency will be greatly improved an after afternoon nap. However, several advices have to be followed in order to take a healthy afternoon nap. Do not eat too much beforehand; take a nap half an hour after lunch and do not sleep longer than thirty minutes; lie down to sleep if possible.

4 盘子是这样打碎的

Pánzi shì zhèyàng dǎsuì de

The Plate Was Broken into Pieces Like This

小时候你打碎过盘子吗?

打碎以后你会怎么做?

碎 *v.*
break into pieces

盘子 *n.*
plate

珍贵 *adj.*
valuable, precious

Yí gè xiǎoháir bù xiǎoxīn dǎsuìle yì zhī pánzi, pánzi
一 个 小孩儿 不 小心 打碎了 一 只 盘子,盘子

fēicháng zhēnguì.
非常 珍贵。

Māma kànjiànle suìpiàn, wèn: "Shì shéi dǎsuì de?"
妈妈 看见了 碎片,问:"是 谁 打碎 的?"

"Shì wǒ dǎsuì de." Háizi huídá.
"是 我 打碎 的。"孩子 回答。

"Zěnme dǎsuì de?"
"怎么 打碎 的?"

Xiǎoháir yíxiàzi zhǎo bú dào héshì de cíyǔ, yì zháojí jiù
小孩儿 一下子 找 不 到 合适 的 词语,一 着急 就

bǎ lìng yì zhī pánzi yě pèngdào dìshang, shuō: "Jiù shì zhèyàng
把 另 一 只 盘子 也 碰到 地上,说:"就 是 这样

dǎsuì de!"
打碎 的!"

碎片 *n.* fragment, piece	
合适 *adj.* appropriate, right, suitable	
着急 *adj.* worried, anxious	
碰 *v.* knock	

想一想 Questions

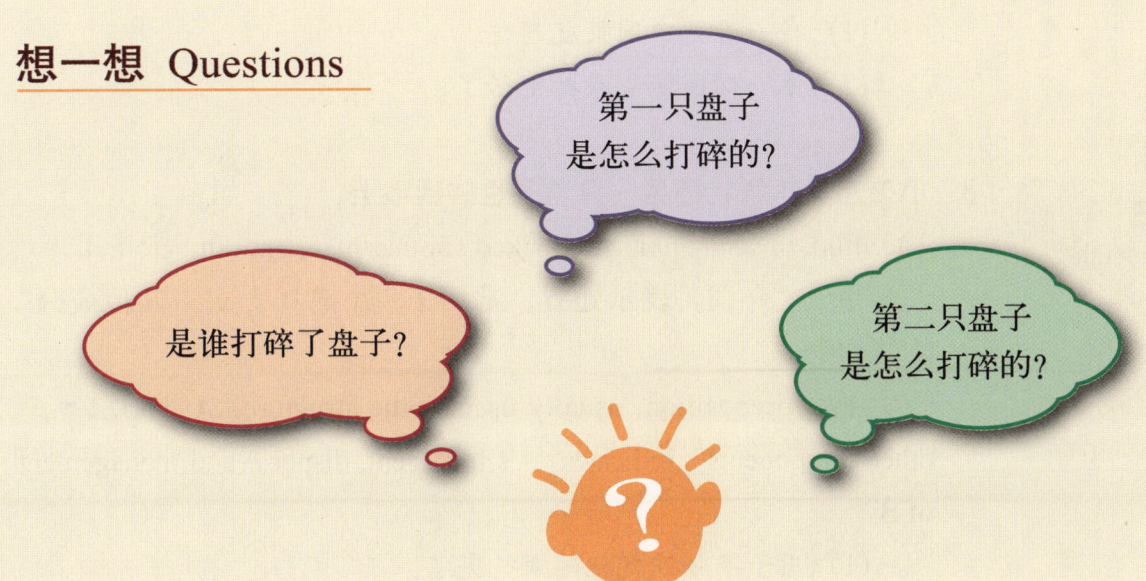

第一只盘子是怎么打碎的?

是谁打碎了盘子?

第二只盘子是怎么打碎的?

语言点 Language Points

不小心
by accident,
carelessly

1. 一个小孩儿**不小心**打碎了一只盘子。

A child broke a plate into pieces by accident.

"不小心"，作状语修饰动词，表示"马虎；大意"的意思。

"不小心" means "by accident", "carelessly", "negligently" and is used as an adverbial to modify verbs.

(1) 考试的时候，我不小心写错了两个字。

(2) 前天他不小心丢了钱包，一天没吃饭。

一……就……
as soon as

2. 小孩儿**一**着急**就**把另一只盘子也碰到地上。

The child, in such anxiety, knocked another plate onto the ground.

"一……就……"，表示一种动作或情况出现后紧接着发生另一种动作或情况。

"一……就……" is used to describe a situation in which two consecutive events happen.

(1) 我一看见中国菜就想吃。

(2) 他一回国就给我打电话了。

把
have something
done

3. 小孩儿一着急就**把**另一只盘子也碰到地上。

The child, in such anxiety, knocked another plate onto the ground.

"把"，介词。表示处置，常用于"A 把 B ＋ v. ＋其他成分"的结构中。

"把", preposition, usually used in the structure "A 把 B ＋ v. ＋ other components", indicates "A's treatment, disposal and management of B".

(1) 儿子半分钟就把苹果吃完了。

(2) 司机把纸条贴在了车窗上。

练 习 Exercises

判断正误。True or false.

(1) 小孩儿一共打碎了两只盘子。 （　　）

(2) 打碎的盘子很一般，不太贵。 （　　）

(3) 小孩儿故意（gùyì：on purpose）打碎了第二只盘子。（　　）

小知识 Cultural Tips

中国的瓷器
The China of China

哥窑瓷器
Ge kiln china

　　中国是瓷器的故乡。大约在公元前 16 世纪的商代中期，中国就出现了早期的瓷器。而真正意义上的瓷器产生于汉代（公元前 206—公元 220 年）。到了宋代（公元 420—479 年），瓷器进入成熟期。当时的钧、定、官、哥、汝五大名窑，各有特点，一直是后代模仿的对象。

官窑瓷器
Guan kiln china

China is the birthplace of china. Around 16th century AD, china appeared first in China at the mid stage of the Shang Dynasty, and evolved to its full form later during the Han Dynasty (BC206-AD220). By the Song Dynasty (420-479), china production had become mature. At that time, five famous kilns, namely Jun, Ding, Guan, Ge and Ru, came in to being. Due to the unique characteristics of the china they produced, these five kilns became the models of china making for later generations.

汝窑瓷器
Ru kiln china

5

Nǐ huì zěnyàng xuǎnzé?
你会怎样选择?
How Would You Choose?

当你有多个选择的时候，你会怎么做？
看看下面的文章，你会有更多的启示（qǐshì：enlightment）。

突然 *adj.* sudden

招手 *v.* beckon, wave one's hand

受伤 *v.* injure, wound

Yǒu yì tiān wǎnshang, nǐ yí gè rén kāichē, tūrán, nǐ fāxiàn
有 一 天 晚上， 你 一 个 人 开车，突然，你 发现

qiánmian yǒu sān gè rén zhāoshǒu, tāmen dōu qǐng nǐ tíng chē, zhè
前面 有 三 个 人 招手， 他们 都 请 你 停车，这

sān gè rén shì:
三 个 人 是：

A. yí gè shòushāng de lǎorén;
A．一 个 受伤 的 老人；

B. yí gè jiùguo nǐ de yīshēng;
B. 一个 救过 你 的 医生；

C. yí gè nǐ hěn xǐhuan de rén.
C. 一个 你 很 喜欢 的 人。

Xiànzài de wèntí shì, nǐ de chē zhǐ néng zuò liǎng gè rén.
现在 的 问题 是，你 的 车 只 能 坐 两 个 人。

Nǐ huì zěnyàng xuǎnzé? Nǐ kěnéng xuǎn A, bāngzhù zuì xūyào
你 会 怎样 选择？你 可能 选 A，帮助 最 需要

bāngzhù de rén; yě kěnéng xuǎn B, gǎnxiè yīshēng jiùguo nǐ;
帮助 的 人；也 可能 选 B，感谢 医生 救过 你；

huòzhě xuǎn C, gēn xǐhuan de rén zài yìqǐ.
或者 选 C，跟 喜欢 的 人 在 一起。

Qǐng xiǎng yì xiǎng, hái yǒu gèng hǎo de bànfǎ ma? Ràng
请 想 一 想，还 有 更 好 的 办法 吗？让

yīshēng hé lǎorén zuò zài chē shang, yīshēng kāichē dài lǎorén qù
医生 和 老人 坐 在 车 上，医生 开车 带 老人 去

yīyuàn. Ránhòu, nǐ gēn xǐhuan de rén zài yuèguāng xià sànbù.
医院。然后，你 跟 喜欢 的 人 在 月光 下 散步。

救 *v.*	save, rescue
选择 *v.*	choose
需要 *v.*	need
感谢 *v.*	thank, be grateful
办法 *n.*	way, method
带 *v.*	take, bring
月光 *n.*	moonlight

想一想 Questions

"你"的车
是不是很大？

三个请"你"
停车的人是谁？

语言点 Language Points

可能
maybe, perhaps

1. **你可能选 A，帮助最需要帮助的人。**

   You may choose A, who needs help most.

   "可能"，副词。表示估计，是"也许；或许"的意思。

   "可能" is an adverb that means "maybe", "perhaps", indicating estimation.

   （1）明天可能很冷，你多穿点儿衣服吧。

   （2）她今天没来上课，可能生病了。

想一想
think about

2. **请想一想，还有更好的办法吗？**

   Please think about it. Is there any better solution?

   "v. 一 v."，动词重叠，表示动量小。

   Verb repetitions as in "v. 一 v." indicate limited actions.

   （1）如果你有不认识的汉字，可以问一问老师。

   （2）周末的时候，我经常听一听音乐、看一看书。

练 习 Exercises

1. 判断正误。True or false.

　　(1) 你的车只能再坐一个人。　　　　　　　　　　　（　　）

　　(2) 你会选择 A，因为医生救过你。　　　　　　　　（　　）

2. 选择正确答案。Choose the correct answer.

　　(1) 有三个人请你停车，你觉得很难，是因为（　　）。

　　　　A. 你不想让他们上车　　　B. 你的车只能坐两个人

　　　　C. 很晚了

　　(2) 对于这种情况，更好的办法是（　　）。

　　　　A. 让医生坐在车上　　　　B. 让老人坐在车上

　　　　C. 让医生和老人坐在车上，然后，你跟喜欢的人散步

小知识　Cultural Tips

中国的交通规则
Traffic Rules in China

　　现在中国的交通规则是车辆靠右侧行驶，这和美国是一样的。但 1946 年 1 月 1 日以前，在中国，车辆是靠左侧行驶的。另外，世界上有不少国家是靠左侧行驶的，比如英国和日本。

　　As in America, vehicles are required to drive on the right side of the road in China. However, before January 1st, 1946, drivers drove on the left side of the road in China. There are many countries in the world today where drivers still drive on the left side, such as Britain and Japan.

6

Yōngbào, bú shì Zhōngguórén de xíguàn

拥抱，不是中国人的习惯

Hugging, Not a Chinese Custom

在你的国家，人们有拥抱的习惯吗？

西方 *n.*
the West

互相 *adv.*
each other

拥抱 *v.*
hug, embrace

Zài hěn duō xīfāng guójiā, rénmen jiànmiàn de shíhou,
在 很 多 西方 国家，人们 见面 的 时候，

jīngcháng hùxiāng yōngbào. Zài bié de xǔduō guójiā, yě jīngcháng
经常 互相 拥抱。在 别 的 许多 国家，也 经常

kěyǐ kànjiàn rénmen yōngbào. Dànshì, zài Yàzhōu guójiā, rénmen hái
可以 看见 人们 拥抱。但是，在 亚洲 国家，人们 还

bú tài xíguàn yōngbào. Tóngyàng, yōngbào yě bú shì Zhōngguórén
不 太 习惯 拥抱。 同样， 拥抱 也 不 是 中国人

de xíguàn.
的 习惯。

Zài Zhōngguó, qīnrén, àiren hé hǎo péngyou cái huì hùxiāng
在 中国， 亲人、爱人 和 好 朋友 才 会 互相

yōngbào. Zhōngguórén biǎoshì yǒuhǎo de fāngfǎ chángcháng shì
拥抱。 中国人 表示 友好 的 方法 常常 是

wòshǒu hé diǎntóu. Bù shúxī de rén, gāng rènshi de rén, jiànmiàn
握手 和 点头。 不 熟悉 的 人、刚 认识 的 人， 见面

de shíhou chángcháng wòshǒu. Wòshǒu de shíhou, yào kànzhe
的 时候 常常 握手。 握手 的 时候， 要 看着

duìfāng de yǎnjing, yìbiān wēixiào yìbiān wòshǒu. Péngyou jiànmiàn,
对方 的 眼睛， 一边 微笑 一边 握手。 朋友 见面，

yìbān zhǐ diǎn yì diǎn tóu. Duì bù shúxī de rén, yě kěyǐ wēixiào
一般 只 点 一 点 头。 对 不 熟悉 的 人，也 可以 微笑

diǎntóu.
点头。

亲人 *n.*	one's family members, relatives
表示 *v.*	show, express
握手 *v.*	shake hands
点头 *v.*	nod
熟悉 *adj.*	familiar
对方 *n.*	the other side/party
一般 *adj.*	common, general

想一想 Questions

中国人表示友好
的方法是什么？

在中国，什么样
的人互相拥抱？

语言点　Language Points

但是
but

1. **但是，在亚洲国家，人们还不太习惯拥抱。**

But in Asian countries, people are still not accustomed to hugs.

"但是"，连词。表示转折。

"但是" is a conjunction that indicates "transition".

（1）我很喜欢那个女孩，但是我现在还不知道她的名字。

（2）中国菜很好吃，但是有的菜太辣（là：spicy）。

习惯
be accustomed to;
habit

2. **同样，拥抱也不是中国人的习惯。**

Likewise, hugging is not a Chinese custom either.

"习惯"作动词时，表示形成某种行为、习俗；"习惯"也可以作名词，表示形成的行为、习俗。

"习惯" can be used as a verb, with the meaning of "form certain habit or custom". When used as a noun, it refers to the habit or the custom formed.

（1）有的人习惯早上散步，有的人习惯晚上散步。你呢？

（2）每天运动是一个好习惯。

<table>
<tr><td>练 习</td><td>Exercises</td></tr>
</table>

选择正确答案。Choose the correct answer.

(1) 在（   ），人们习惯互相拥抱。

    A. 亚洲国家   B. 很多西方国家   C. 中国

(2) 在中国，（   ）一般不拥抱。

    A. 亲人   B. 爱人   C. 不熟悉的人

(3) 在中国，刚认识的人见面的时候常常（   ）。

    A. 握手   B. 拥抱   C. 点头

小知识 Cultural Tips

入乡问俗
Do in Rome as the Romans Do

　　由于历史文化、宗教信仰和民族传统的不同，各国的礼仪习俗也有很大差异。例如，在尼泊尔人们见面时双手合十表示问候，在印度、巴基斯坦、孟加拉、斯里兰卡等国，向左摇头表示赞同和尊重，点头却表示不同意；对欧美人来说，见面时习惯相互拥抱表示问候，而中国人只有非常亲密的人之间才互相拥抱，大多数时候是相互握手。

　　Due to differences in history, culture, religion and national traditions, tremendous etiquettes and customs of countries in the world are very different. For example, in Nepal, the way to greet someone is to put both palms together before oneself. In India, Pakistan, Bengal, Sri Lanka, etc., to shake one' head to the left means agreement, respect or approval while to nod means disagreement or disapproval. For Europeans and American people, to hug each other is a way of greeting. But for the Chinese, they only hug people they feel very close to and hand-shaking is the most common way to greet someone.

7

Jiǎngjiū wèishēng, rénrén yǒu zé

讲究卫生，人人有责

Everybody Should Pay Attention to Hygiene

"人"、"大"、"夫"这三个汉字
是不是很像？看看它们的故事吧。

聪明 *adj.*
clever

弄 *v.*
make, get

打扫 *v.*
sweep, clean

辛苦 *adj.*
laborious, hard, tired

Duōduō shì gè cōngming kě'ài de háizi, dànshì yǒudiǎnr
多多 是 个 聪明 可爱 的 孩子，但是 有点儿

táoqì, tā jīngcháng bǎ jiāli nòng de yòu zāng yòu luàn. Duōduō
淘气，他 经常 把 家里 弄 得 又 脏 又 乱。 多多

de bàba gōngzuò hěn máng, méiyǒu shíjiān dǎsǎo fángjiān. Suǒyǐ,
的 爸爸 工作 很 忙， 没有 时间 打扫 房间。 所以，

yìbān dōu shì duōduō de māma dǎsǎo. Tā tèbié xīnkǔ.
一般 都 是 多多 的 妈妈 打扫。 她 特别 辛苦。

Yǒu yì tiān, māma tài lèi le. Zěnme bàn ne? Tā xiǎngdàole
有 一 天，妈妈 太 累 了。怎么 办 呢？她 想 到 了

yí gè hǎo bànfǎ, zhǎolái zhǐ hé bǐ, xiěle jǐ gè dàzì tiē zài
一 个 好 办法，找 来 纸 和 笔，写了 几 个 大字 贴 在

qiáng shang: jiǎngjiū wèishēng, rénrén yǒu zé.
墙 上： 讲究 卫生， 人人 有 责。

Duōduō cóng xuéxiào huíjiā kàndào qiáng shang de zì, xiǎngle
多多 从 学校 回家 看到 墙 上 的 字，想了

xiǎng, zài zhǐ shang jiāle yì bǐ: jiǎngjiū wèishēng, dàrén yǒu zé.
想， 在 纸 上 加了 一 笔： 讲究 卫生， 大人 有 责。

Wǎnshang, duōduō de bàba huíjiā hòu, yí kàn jiù zhīdào le.
晚上， 多多 的 爸爸 回家 后， 一 看 就 知道 了。

Tā hāhā yí xiào, yòu jiāshangle yì bǐ: jiǎngjiū wèishēng, fūrén
他 哈哈 一 笑， 又 加上了 一 笔： 讲究 卫生， 夫人

yǒu zé.
有 责。

讲究 *v.*
pay attention to

卫生 *n.*
hygiene, health

笔 *m.*
stroke

夫人 *n.*
wife, madam

想一想 Questions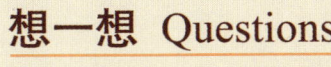

妈妈 为什么
写 那句话？

在 你们家，常常
是 谁 打扫房间？

你们家 因为 打扫房间
发生过 什么 故事 吗？

语言点 Language Points

有点儿
a little

1. **多多是个聪明可爱的孩子，但是有点儿淘气。**

   Duoduo is a lovely and clever child, but he is a little naughty.

   "有点儿"，副词。表示程度不高。多用在消极意义的词前边，不能用在比较句中。

   "有点儿", adverb, indicates "low or medium degree". It is usually used before words with negative connotations, but never in comparative sentences.

   (1) 他考试的时候有点儿着急，所以考试成绩不太好。

   (2) 这本书非常有意思，但是有点儿贵。

又……又
… and …

2. **他经常把家里弄得又脏又乱。**

   He often makes the rooms dirty and messy.

   "又……又"，表示几种事物或性质同时存在。

   "又……又" indicates that several things or qualities co-exist.

   (1) 中国菜又便宜又好吃，我很喜欢。

   (2) 他的女朋友又瘦又高。

练 习 | Exercises

1. 填表格。Fill in the table below.

谁？	写了什么？		
妈妈			
多多	讲究卫生，		有责
爸爸			

2. 判断正误。True or false.

　(1) 多多的爸爸没时间打扫房间，所以多多的妈妈打扫。（　　）

　(2) 多多的妈妈觉得打扫房间不累。　　　　　　　　（　　）

小知识　Cultural Tips

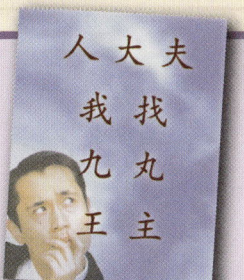

容易混淆的汉字
Very Confusing Chinese Characters

　　汉字和拼音文字不同，拼音文字由字母组成，而汉字是方块文字，由笔画组成。笔画的位置、形状稍有变化，就是完全不同的汉字。所以汉语里有很多字形结构相近的字。比如，"人"、"大"和"夫"，"我"和"找"，"九"和"丸"，"王"和"主"等，在学习使用的时候注意不要混淆了。

　　Chinese characters are different from Alphabetic characters in that Alphabetic characters consist of letters while Chinese characters are square-shaped and formed by strokes. Slight differences in the position and shape of strokes will result in different characters. As a result, there are many Chinese characters which are similar in formation and structure but different in meaning. For example, "人", "大" and "夫", "我" and "找", "九" and "丸", "王" and "主", etc. Special attention should be paid to these very confusing characters when one learns and uses Chinese characters.

Fú "dào" le
福 "倒" 了
The Character " 福 " Is Upside Down

中国人过年的时候都喜欢贴〝福〞字。但是很多人家都把〝福〞字倒着贴，你知道为什么吗？

重要 *adj.*
major, important

春联 *n.*
Spring Festival
couplets

Chūnjié shì Zhōngguórén zuì zhòngyào de jiérì. Chūnjié
春节 是 中国人 最 重要 的 节日。 春节

qián, Zhōngguórén de jiāli yìbān dōu yào tiē chūnlián. Chūnlián
前, 中国人 的 家里 一般 都 要 贴 春联。 春联

chángcháng tiē zài mén shang hé qiáng shang, suǒyǐ Chūnjié de
常常 贴 在 门 上 和 墙 上, 所以 春节 的

shíhou, dàochù dōu shì hónghóng de chūnlián.
时候，到处 都 是 红红 的 春联。

Chúle chūnlián, dàjiā hái tèbié xǐhuan tiē "fú" zì. Yǒuxiē
除了 春联，大家 还 特别 喜欢 贴 "福" 字。有些

rénjia gùyì bǎ "fú" zì dào guòlái tiē. Kěshì xiǎoháizi chángcháng
人家 故意 把 "福" 字 倒 过来 贴。可是 小孩子 常常

bù zhīdào zhè shì wèishénme. Suǒyǐ wǒ xiǎoshíhou, yǒu yí cì
不 知道 这 是 为什么。所以 我 小时候，有 一 次

kànjiàn bàba bǎ "fú" zì dào guòlái tiē, jiù gǎnjǐn shuō: "Fú dào
看见 爸爸 把 "福" 字 倒 过来 贴，就 赶紧 说："福 倒

le!" Bàba shuō: "Duì ya, fú dào le!" Nà shíhou, wǒ yíxiàzi
了！" 爸爸 说："对 呀，福 到 了！" 那 时候，我 一下子

míngbaile bàba wèishénme yào dàozhe tiē "fú" zì.
明白了 爸爸 为什么 要 倒着 贴 "福" 字。

到处 *adv.*	everywhere
除了 *prep.*	besides
故意 *adv.*	deliberately, on purpose
倒 *v./adv.*	reverse; upside down
明白 *v.*	realize, know

想一想 Questions

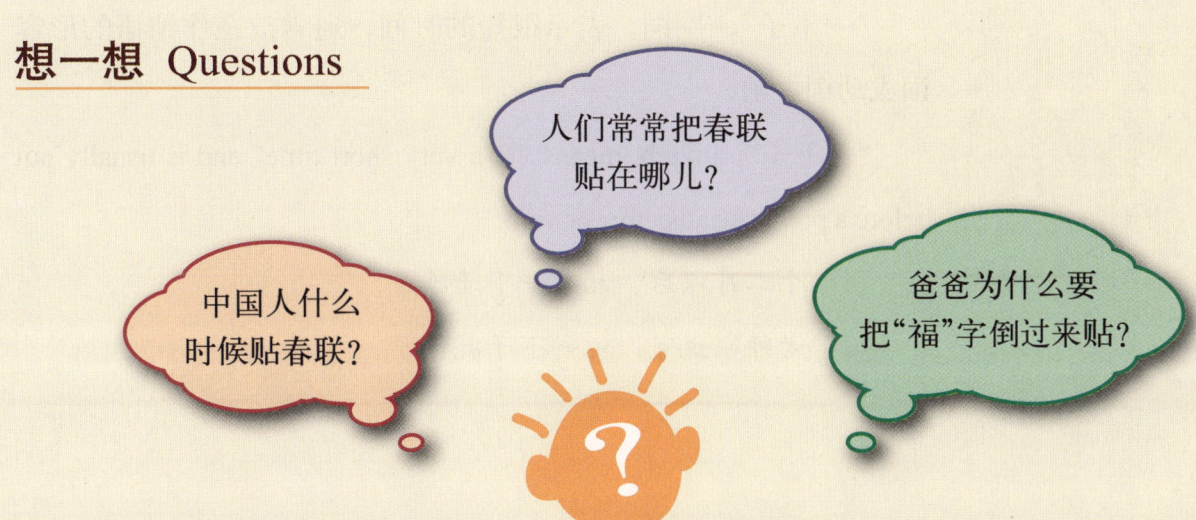

中国人什么
时候贴春联?

人们常常把春联
贴在哪儿?

爸爸为什么要
把"福"字倒过来贴?

语言点 Language Points

赶紧
in a hurry

1. 我看见爸爸把"福"字倒过来贴，就赶紧说："福倒了！"

I noticed that "福" was put upside down, so I said hastily, "福 is upside down!"

"赶紧"，副词。表示抓紧时间（做一件事情），放在动词的前边。

"赶紧" is an adverb that means "do something against time or in a hurry", usually put before a verb.

(1) 要下雨了，你赶紧回家吧！

(2) 妈妈生病了，要赶紧去医院。

一下子
immediately

2. 那时候，我一下子明白了爸爸为什么要倒着贴"福"字。

At this moment, I immediately realized why Dad had put the character upside down.

"一下子"，副词。表示很短的时间，通常放在作谓语的形容词或动词之前。

"一下子", adverb, means "in a very short time" and is usually put before a predicate adjective or verb.

(1) 十二月以后，北京一下子冷了。

(2) 老师刚说完，他一下子就懂了。

练 习 Exercises

选择正确答案。Choose the correct answer.

(1) 中国人最重要的节日是（　　）。

  A. 春节   B. 中秋节   C. 儿童节

(2) "福" 字贴倒了表示（　　）。

  A. 贴错了   B. 没有福   C. 福到了

(3) 春联常常贴在（　　）。

  A. 地上   B. 桌子上   C. 门上和墙上

小知识 Cultural Tips

汉语的谐音
Homophonic Tones in Chinese

谐音，是用同音或近音的汉字来代替本字，产生趣味。上面文章中提到的福 "倒" 了，就是取福 "到" 了的意思。数字也可以表示谐音，如 "8" 就是 "发（财）" 的意思。

Homophonic tones in Chinese are a language phenomenon when the same or similar pronunciations are used to create an interesting linguistic effect. The "reversion" (倒) of "福" mentioned in the article above means the "arrival" (到) of blessings. Sometimes, numbers can also be used to achieve homophonic effects. For example, eight (8) means getting rich or making a fortune because its pronunciation is similar to "发", which means making a fortune.

9

Měi tiān kuài zǒu 30 fēnzhōng ba

每天快走30分钟吧

Walk Fast for Thirty Minutes Every Day

有哪些方法可以减肥？

你知道快走可以减肥吗？

运动 *v.*
exercise

步 *n.*
pace, step

减肥 *v.*
to lose weight

Xiànzài de rén xuéxí, gōngzuò dōu hěn máng, méiyǒu shíjiān
现在 的 人 学习、工作 都 很 忙，没有 时间

yùndòng, suǒyǐ yuè lái yuè pàng. Zěnme bàn ne? Měi tiān kuài zǒu
运动， 所以 越 来 越 胖。 怎么 办 呢？每 天 快 走

5 000 bù jiù néng jiǎnféi. Méiyǒu yùndòng xíguàn de rén, kěyǐ
5 000 步 就 能 减肥。没有 运动 习惯 的 人，可以

pá lóutī, xǐ chē, zuò jiāwù, zhèxiē dōu néng ràng shuāngjiǎo hé
爬 楼梯、洗 车、做 家务，这些 都 能 让 双脚 和

quánshēn yùndòng qǐlai.
全身 运动 起来。

Kuài zǒu shì zuì fāngbiàn de jiǎnféi yùndòng. Nǐ kěyǐ
快 走 是 最 方便 的 减肥 运动。 你 可以

yòng 100–120 bù/fēnzhōng zuǒyòu de sùdù zǒu, měi tiān zǒu 30
用 100–120 步/分钟 左右 的 速度 走，每 天 走 30

fēnzhōng jiù xíng. Rúguǒ nǐ yí cì méiyǒu nàme duō shíjiān, yě
分钟 就 行。 如果 你 一 次 没有 那么 多 时间，也

kěyǐ lìyòng 3–5 fēnzhōng de shíjiān, měi tiān jiā qǐlai zǒu 5 000
可以 利用 3–5 分钟 的 时间，每 天 加 起来 走 5 000

bù, 2–3 gè yuè hòu jiù huì yǒu hěn hǎo de xiàoguǒ le.
步，2–3 个 月 后 就 会 有 很 好 的 效果 了。

楼梯 *n.*
staircase

家务 *n.*
housework

全身 *n.*
whole body

速度 *n.*
speed

利用 *v.*
utilize, make use of

效果 *n.*
result, effect

想一想 Questions

每天应当快走
多长时间？

最方便的运动
方式是什么？

你知道的减肥方法
都有什么？

语言点 Language Points

左右
or so, about

1. 用 100–120 步／分钟左右的速度走，每天走 30 分钟就行。

It is enough to walk at a speed of about 100 to 120 steps per minute for thirty minutes every day.

"左右"，名词。用在数量词后边，表示概数。

"左右" is a noun used after a quantifier to indicate "a quantity slightly bigger or smaller than the amount indicated by the quantifier".

(1) 我学了 100 个左右的汉字，你学了多少？

(2) 他的钱丢了，有 1 000 块左右。

加起来
add up to

2. 可以利用 3–5 分钟的时间，每天加起来走 5 000 步。

You can take three to five minutes' breaks everyday, and that will add up to 5,000 steps altogether.

"加起来"，是"合在一起"的意思。"起来"，趋向动词，用于动词后，表示动作有了一定的结果。

"加起来" means "add up to". "起来" is a directional verb used after a verb to indicate the actions have produced a result.

(1) 我上午学了一个小时，下午学了两个小时，加起来三个小时。

(2) 爸爸给我 1 000 元，妈妈给我 2 000 元，加起来是 3 000 元。

练 习 Exercises

选择正确答案。Choose the correct answer.

(1) 没有运动习惯的人，如果想减肥，可以 （　　）。

　　A. 爬楼梯　　　　B. 睡觉　　　C. 散步

(2) 下面的减肥方法，文中没有的是 （　　）。

　　A. 每天快走 30 分钟

　　B. 每天快走，加起来 5 000 步

　　C. 饭后慢慢散步两个小时

小知识 Cultural Tips

健康减肥
Lose Weight in a Healthy Way

随着人们物质生活水平的提高，减肥成了人们津津乐道的话题。靠节食或吃减肥药都不是健康的减肥方法。专家认为，健康减肥要遵循四个原则：1. 严格遵守"早吃好、午吃饱、晚吃少"的饮食原则；2. 不吃、少吃甜食；3. 吃的速度要慢；4. 晚上快走半小时。

As people's life improves, how to lose weight becomes a topic of great interest. To lose weight through dieting or taking medicines is not healthy. Experts suggest that four principles should be observed to lose weight in a healthy way. First, adhere to the dieting principle of "having a quality breakfast, a big lunch and a small supper". Second, eat no or very little sweet food. Third, eat slowly. Fourth, take a fast walk for thirty minutes in the evening.

10 奇妙的中文

Qímiào de Zhōngwén

Marvellous Chinese

学习中文以后你们发现
中文有什么奇妙的地方吗?

法国 *n.*
France

实在 *adv.*
really, indeed

奇妙 *adj.*
marvellous,
wonderful

Yǒu wèi Fǎguó péngyou shuō: "Zhōngguó shízài tài qímiào
有 位 法国 朋友 说:" 中国 实在 太 奇妙

le, yóuqí shì zài yǔyán wénzì fāngmiàn, tài yǒu yìsi le! Bǐrú
了,尤其 是 在 语言 文字 方面 , 太 有 意思 了! 比如

'Zhōngguó duì dà shèng Fǎguó duì' yìsi shì Zhōngguó shèng
' 中国 队 大 胜 法国 队' 意思 是 中国 胜

le. Jiǎrú shuō 'Zhōngguó duì dà bài Fǎguó duì', nǐmen yòu shuō
了。假如 说 ' 中国 队 大 败 法国 队',你们 又 说

Zhōngguó shèng le. Zǒngzhī, shènglì yóngyuǎn shì nǐmen de."
中国　　胜了。总之，胜利　永远　是你们的。"

Zhèyàng de lìzi zài Hànyǔ zhōng hái yǒu bù shǎo:
这样　的例子在汉语中还有不少：

Lì 1: zài "jīn wǎn wǒ chàdiǎnr chídào" hé "jīn wǎn wǒ
例1：在"今晚我差点儿迟到"和"今晚我

chàdiǎnr méi chídào" zhè liǎng gè jùzi li, zuìhòu "wǒ" dōu
差点儿没迟到"这两个句子里，最后"我"都

méiyǒu chídào.
没有迟到。

Lì 2: "zhè cì kǎoshì wǒ hǎoróngyì déle 100 fēn" hé "zhè
例2："这次考试我好容易得了100分"和"这

cì kǎoshì wǒ hǎo bù róngyì déle 100 fēn" zhè liǎng gè jùzi de
次考试我好不容易得了100分"这两个句子的

yìsi yě wánquán yíyàng.
意思也完全一样。

Nǐ shuō Zhōngwén qímiào bù qímiào?
你说中文奇妙不奇妙？

| 尤其 *adv.* especially, particularly |
| 比如 *v.* take … for example |
| 胜 *v.* win |
| 假如 *conj.* if |
| 败 *v.* defeat, beat |
| 总之 *conj.* in a word, in short |
| 永远 *adv.* forever |
| 例子 *n.* example |

想一想 Questions

法国朋友为什么觉得中文很奇妙？

"我差点儿得第一名"和"我差点儿没得第一名"意思一样吗？

语言点 Language Points

尤其
especially

1. 中国实在太奇妙了，尤其是在语言文字方面。

China is truly marvelous, especially in terms of Chinese characters.

"尤其"，副词。表示在全体中或与其他事物比较时特别突出，一般用在句子的后一部分。

"尤其" is an adverb used to indicate "prominence when compared with the whole or with others". Usually, it's used in the latter part of a sentence.

（1）我特别喜欢旅行，尤其喜欢去有山有水的地方。

（2）我的女儿有很多玩具（wánjù: toys），尤其是熊猫的。

好容易
at last, finally

2. 这次考试我好容易得了 100 分。

Finally, I got a score of 100 in this exam.

"好容易"，形容词。是"很不容易（才做到某件事）"的意思，和"好不容易"意思一样。

"好容易" is an adverb which means "achieve something with great difficulty". Its meaning is the same as "好不容易".

（1）这几天我都很忙，今天好容易才休息了半天。

（2）汉语的发音有点儿难，学了一年我才好容易都学会了。

练 习 Exercises

选择正确答案。Choose the correct answer.

(1)"中国大败法国队"的意思是（　　）。

    A. 中国胜了   B. 法国胜了   C. 打平了

(2)"今晚我差点儿迟到"的意思是（　　）。

    A. 我没迟到   B. 我迟到了   C. 我晚了一个小时

(3)"这次考试我好容易得了100分"的意思是（　　）。

    A. 我考100分很容易   B. 我考100分不容易   C. 我没考到100分

小知识 Cultural Tips

"差点儿"的用法
The Usage of "差点儿"

差点儿跌落
almost fall down

"差点儿"的用法与语境有关。如果是说话人不希望实现的事情，说"差点儿"或"差点儿没"都是指事情接近实现而没有实现。如"差点儿感冒了"和"差点儿没感冒"都是指几乎感冒但是没有感冒。如果是说话人希望实现的事情，说"差点儿"是惋惜未能实现，说"差点儿没"是庆幸它终于实现了。如"差点儿及格了"是惋惜没及格；说"差点儿没及格"是庆幸及格了。

The usage of "差点儿" depends on the context. When the speaker doesn't want something to happen, "差点儿" (almost) or "差点儿没" (almost not) means the same thing, i.e., something bad almost becomes a reality but actually did not. For example, both "差点儿感冒了" and "差点儿没感冒" indicate that the speaker nearly caught a cold but didn't in reality. If the speaker wants something to be realized, he should use "差点儿" to indicate his disappointment that it didn't come true, while using "差点儿没" to indicate he feels lucky that it finally comes true. For example, "差点儿及格了" indicates that regretfully he didn't pass the exam, while "差点没及格" indicates that he felt lucky that he passed the exam.

11

Hú jiǎ hǔwēi

狐假虎威

The Fox Borrows the Tiger's Ferocity

你见过老虎和狐狸吗？

你觉得它们谁更可怕（kěpà：scary）？

发现 v.
spot, catch sight of

抓住
capture, take hold of

森林之王
king of the forest

动物 n.
animal

Yǒu yì tiān, yì zhī lǎohǔ fēicháng è. Tūrán, tā fāxiànle
有 一 天， 一 只 老虎 非常 饿。突然， 它 发现了

yì zhī húli. Lǎohǔ zhuāzhù húli, xiǎng chīle tā. Húli xiǎngchū
一 只 狐狸。 老虎 抓住 狐狸， 想 吃了 它。狐狸 想出

yí gè bànfǎ, tā duì lǎohǔ shuō:"Nǐ bù néng chī wǒ, yīnwèi wǒ
一 个 办法， 它 对 老虎 说:"你 不 能 吃 我，因为 我

shì sēnlín zhī wáng, dòngwùmen dōu pà wǒ." Lǎohǔ bù xiāngxìn
是 森林 之 王， 动物们 都 怕 我。"老虎 不 相信

húli de huà. Húli yòu shuō:"Wǒmen yìqǐ zài sēnlín li zǒu yì
狐狸 的 话。狐狸 又 说:" 我们 一起 在 森林 里 走 一

zǒu, kànkan dòngwùmen pà bú pà wǒ."
走, 看看 动物们 怕 不 怕 我。"

Yúshì, húli zài qiánmiàn zǒu, lǎohǔ zài hòumiàn zǒu.
于是,狐狸 在 前面 走,老虎 在 后面 走。

Sēnlín li de tùzi, yáng kàndào tāmen dōu mǎshàng pǎo le.
森林 里的 兔子、羊 看到 它们, 都 马上 跑 了。

Yúchǔn de lǎohǔ xiāngxìnle húli de huà, tā bù zhīdào
愚蠢 的 老虎 相信了 狐狸 的 话,它 不 知道

dòngwùmen pà de shì zìjǐ.
动物们 怕 的 是 自己。

| 怕 v.
fear, dread |
| 相信 v.
believe |
| 兔子 n.
hare, rabbit |
| 马上 adv.
at once,
immediately, right
away |
| 愚蠢 adj.
stupid, foolish |

想一想 Questions

动物们怕谁?
怕狐狸吗?

老虎要吃狐狸,狐狸
想出了什么办法?

谁是真正的
森林之王?

语言点 Language Points

怕不怕
be afraid of ... or not

1. **我们一起在森林里走一走，看看动物们怕不怕我。**

We should take a walk in the forest to see whether the animals are afraid of me.

"A 不 A"（A 是动词或形容词），常用于表示疑问或征询意见。

"A不A" (A is a verb or an adjective) is often used to enquire or seek opinions.

（1）你们喜欢不喜欢"狐假虎威"的故事？

（2）老师，考试题难不难？

怕的
something feared by others

2. **它不知道动物们怕的是自己。**

It didn't realize that it was itself that the animals were afraid of.

"动词＋的"是名词性结构。

"v.＋的" is a nominal structure.

（1）今天中午我一个人在家，没有吃的，也没有喝的。

（2）星期五我们去书店了，他买的是汉语书，我买的是日语书。

练 习 Exercises

判断正误。True or false.

(1) 有一天，一只狐狸非常饿。 （　　）

(2) 老虎抓住狐狸之后，狐狸想出了一个办法。 （　　）

(3) 狐狸是森林之王，所以动物们都怕它。 （　　）

(4) 兔子、羊等看到老虎，都马上逃跑了。 （　　）

(5) 老虎最后吃了狐狸。 （　　）

小知识 Cultural Tips

成语故事
Chinese Idioms

　　汉语中有很多成语，它们有固定的结构形式，表示一定的意义。成语一般都是从古代沿用下来的，来自古书、古代故事、古人说的话等。"狐假虎威"就是一则家喻户晓的寓言故事，讲的是狐狸假借老虎的威势吓跑别的动物。后来"狐假虎威"成了一个成语，人们用这个成语比喻依仗别人的势力欺压人。

There are many idioms in Chinese. They have fixed structures and established meanings. Generally, Chinese idioms date back to ancient times and have their roots in ancient books, stories and speeches, etc. "The Fox Borrows the Tiger's Ferocity" is a widely known fable about a fox which makes use of the power of a tiger to scare others. Later, this fable became an idiom, used to describe someone who bullies others with someone else's power.

12

Děngdài hóng dēng biàn lǜ dēng

等待红灯变绿灯

Wait for the Red Light to Turn Green

你见过灯笼吗？你觉得灯笼漂亮吗？

挂 v.
hang

灯笼 n.
lantern

Yǒu gè liúxuéshēng jiào Mǎkě, tā yǒu gè Zhōngguó
有 个 留学生 叫 马可，他 有 个 中国

nǚpéngyou. Yǒu yì tiān, nǚpéngyou qǐng Mǎkě dào jiāli lái chī
女朋友。 有 一 天， 女朋友 请 马可 到 家里 来 吃

fàn. Nǚpéngyou jiā de ménkǒu, guàzhe liǎng gè hónghóng de dà
饭。 女朋友 家 的 门口， 挂着 两 个 红红 的 大

dēnglong.
灯笼。

Zǎoshang jiǔ diǎn, Mǎkě shǒu li jiù názhe méigui dàole
早上　　九点，马可　手　里　就　拿着　玫瑰　到了

nǚpéngyou jiā ménkǒu. Tā kàndào hónghóng de dēnglong, jiù zhàn
女朋友　家　门口。他　看到　红红　的　灯笼，就　站

zài nàli děngdài, yìzhí méiyǒu jìnqu. Guòle hěn cháng shíjiān, tā
在　那里　等待，一直　没有　进去。过了　很　长　时间，他

de nǚpéngyou hěn zháojí, yúshì gěi Mǎkě dǎ diànhuà. Mǎkě shuō:
的　女朋友　很　着急，于是　给　马可　打　电话。马可　说：

"Wǒ yǐjīng dào nǐ jiā ménkǒu le." Nǚpéngyou juéde hěn qíguài,
"我　已经　到　你　家　门口　了。" 女朋友　觉得　很　奇怪，

shuō: "nà nǐ wèishénme bú jìnlai?" "Nǐ jiā ménkǒu yǒu liǎng gè
说："那　你　为什么　不　进来？" "你　家　门口　有　两　个

hóng dēng, wǒ zhèngzài děngdài hóng dēng biàn lǜ dēng ne."
红　灯，我　正在　等待　红　灯　变　绿　灯　呢。"

玫瑰 *n.*
rose

等待 *v.*
wait

奇怪 *adj.*
strange, weird

变 *v.*
turn, change

想一想 Questions

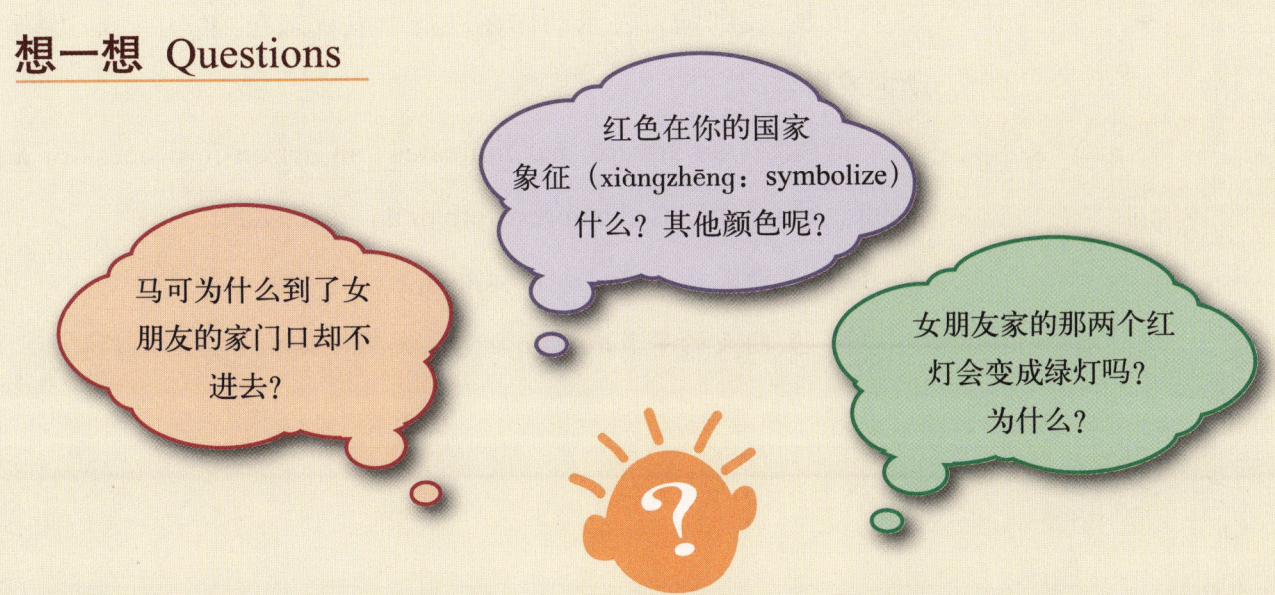

红色在你的国家象征（xiàngzhēng：symbolize）什么？其他颜色呢？

马可为什么到了女朋友的家门口却不进去？

女朋友家的那两个红灯会变成绿灯吗？为什么？

语言点 Language Points

一直
always, all along

1. 他看到红红的灯笼，就站在那里等待，一直没有进门。

Seeing the red lantern, he stood there and waited, not entering the room all along.

"一直"，副词。表示动作持续不断或状态持续不变。

"一直" is an adverb used to indicate "an incessant action or a consistent state".

(1) 从一岁开始，我和小明一直都是好朋友。

(2) 从 2007 年起，我一直在北京学习汉语。

正在
in the process of

2. 你家门口有两个红灯，我正在等待红灯变绿灯呢。

You have two red lanterns hung in front of the door. I'm waiting for them to turn green.

"正在"，副词。表示动作在进行中或状态在持续中，后边接动词或形容词。

"正在" is an adverb that indicates "an action in process or a standing state". It's used before a verb or an adjective.

(1) 老师正在上课，如果你要找他，请下课后再来。

(2) 星期天的早晨我正在睡觉，突然电话响了。真麻烦！

练 习 Exercises

给下面的句子排列顺序。Arrange the following sentences in a correct order.

A. 马可买玫瑰。

B. 女朋友很着急，于是给马可打电话。

C. 马可看到女朋友家的门口挂着两个红红的灯笼，就站在那里等待。

D. 女朋友请马可到家里来吃饭。

E. 女朋友说："你为什么不进来？"

F. 马可回答："我正在等待红灯变绿灯呢。"

① _____ ② _____ ③ _____ ④ _____ ⑤ _____ ⑥ _____

小知识 Cultural Tips

中国红
Chinese Red

　　红色在中国是象征喜庆吉祥和富贵的颜色。例如传统的中国婚礼都是以红色作为主色调，新人都穿着红色的礼服，婚礼现场、新房也都用红色来装饰。逢年过节的时候，在单位、店铺，甚至很多家户门口也常会挂上红红的灯笼。

　　The red color represents happiness, luck, prosperity and honor in China. For example, red is invariably chosen as the main color in a traditional Chinese wedding. Both the bride and the groom are dressed up in red, and the place for the wedding ceremony and the bridal chamber are also decorated in red. On New Year's Day or other festivals, red lanterns will be hung at the doors or gates of the work places, shops and common residences.

13 探险家的"训练"

Tànxiǎnjiā de "xùnliàn"

探 险 家 的 "训 练"

The "Training" of an Explorer

你小时候想过以后干什么吗？

北极 *n.*
the Arctic Pole

探险家 *n.*
explorer

Yǒu yì tiān wǒ wèn érzi: "Nǐ zhǎngdà hòu xiǎng dāng
有 一 天，我 问 儿子："你 长大 后 想 当

shénme?"
什么？"

Érzi huídá shuō: "Bàba, wǒ zhǎngdà hòu yào dāng Běijí
儿子 回答 说："爸爸，我 长大 后 要 当 北极

62

tànxiǎnjiā."
探险家。"

Wǒ hěn gāoxìng:"Hǎo jí le!"
我 很 高兴:"好 极 了!"

Érzi yòu shuō: "Wǒ xiǎng mǎshàng kāishǐ xùnliàn."
儿子 又 说:"我 想 马上 开始 训练。"

Wǒ juéde hěn qíguài: "Zěnme xùnliàn?"
我 觉得 很 奇怪:"怎么 训练?"

Érzi huídá: "Běijí fēicháng lěng, wǒ měi tiān chī yì tǒng
儿子 回答:"北极 非常 冷,我 每 天 吃 一 桶

bīngjīlíng, jiù néng shìyìng nàr de wēndù le."
冰激凌,就 能 适应 那儿 的 温度 了。"

训练 v.	train
桶 n.	bucket
冰激凌 n.	ice-cream
温度 n.	temperature

想一想 Questions

爸爸希望儿子成为探险家吗?

儿子长大后想当什么?

儿子想怎么"训练"?

语言点 Language Points

当
work as

1. 你长大后想当什么？

What do you want to be when you grow up?

"当"，动词。是"担任；充当"的意思，后边是表示职业、职务的名词。

"当" is a verb that means "act as", "work as". It is followed by a noun of profession or post.

(1) 当了班长以后，他更忙了。

(2) 我现在学习汉语，回国后想当汉语老师。

极了
extremely

2. 好极了！

Wonderful!

"极了"在"形容词＋极了"中，表示程度非常高。

"极了" in the structure of "adj. ＋极了" means "a great degree".

(1) 冰激凌好吃极了。

(2) 那儿的天气冷极了！我很不喜欢。

适应
accustom to

3. 北极非常冷，我每天吃一桶冰激凌，就能适应那儿的温度了。

The North Pole is very cold. If I could eat one bucket of ice-cream every day, I would be able to adapt to the weather there.

"适应"，动词。是"适合（客观条件或需要）"的意思。

"适应" is a verb that means "adapt to (a condition or a need)".

(1) 刚来中国的时候，我不适应这儿的天气，所以感冒了。

(2) 口语老师说话很快，同学们不太适应。

练 习 | Exercises

判断正误。 True or false.

(1) 爸爸想当北极探险家。　　　　　　（　　）

(2) 儿子想马上开始训练。　　　　　　（　　）

(3) 儿子很喜欢吃冰激凌。　　　　　　（　　）

(4) 儿子想当探险家，爸爸不太高兴。　（　　）

小知识 | Cultural Tips

中国的火车
Trains in China

　　在中国坐火车，常会看到火车票上面有"D"、"Z"、"K"、"T"等字母，它们都代表什么意思呢？

D 开头的表示开行时速 200 公里以上"和谐号"CRH 系列国产化动车组列车；

Z 开头的是直达特别快速旅客列车，在行程中一般不停车；

T 开头的是特别快速旅客列车，一般只经停省会城市或当地的大型城市；

K 开头的是快速旅客列车，一般只经停地级行政中心或重要的县级行政中心；

Y 是旅游列车。

When traveling in China by train, one will often notice the letters "D", "Z", "K" and "T" printed on the tickets. What do they represent?

D represents the "Harmonious" CRH dynamic train series, which is made in China and travels at a speed of over 200km/h. Z represents the non-stop express trains which normally don't stop along the way. T represents express trains, which normally stop only at provincial capital cities or large cities. K represents trains which only stop at regional administrative centers or important county administrative centers. Y represents tourist trains.

14

Kě'ài de dàxióngmāo
可爱的大熊猫
Lovely Pandas

你见过大熊猫吗？你喜欢大熊猫吗？

熊猫 *n.*
panda

数量 *n.*
number, quantity

特别 *adv.*
specially,
particularly

脑袋 *n.*
head

Dàxióngmāo de shùliàng fēicháng shǎo. Xiànzài quán shìjiè zhǐ
大熊猫 的 数量 非常 少。 现在 全 世界 只

yǒu yì qiān duō zhī. Dàxióngmāo de yàngzi hěn kě'ài. Tāmen de
有 一 千 多 只。 大熊猫 的 样子 很 可爱。 它们 的

shēntǐ shì hēisè hé báisè de, yòu yuán yòu pàng, tèbié shì tāmen
身体 是 黑色 和 白色 的， 又 圆 又 胖， 特别 是 它们

de hēi yǎnquān hé yuán nǎodai hěn yǒuqù. Dàxióngmāo xǐhuan chī
的 黑 眼圈 和 圆 脑袋 很 有趣。 大熊猫 喜欢 吃

zhúzi, huì pá shù.　Tāmen de dòngzuò hěn màn.
竹子，会 爬 树。它们 的 动作 很 慢。

　　Yīnwèi dàxióngmāo shùliàng shǎo, yàngzi kě'ài, érqiě
　　因为 大熊猫 数量 少、样子 可爱，而且

zhǐ shēngzhǎng zài Zhōngguó, suǒyǐ rénmen shuō dàxióngmāo shì
只 生长 在 中国，所以 人们 说 大熊猫 是

Zhōngguó de "guóbǎo".　Wèile xiàng wàiguó péngyou biǎoshì yǒuhǎo,
中国 的"国宝"。为了 向 外国 朋友 表示 友好，

cóng 1957 nián dào 1982 nián, Zhōngguó yígòng sònggěi 9 gè
从 1957 年 到 1982 年，中国 一共 送给 9 个

guójiā 23 zhī dàxióngmāo.　Xiànzài, zài Měiguó, Déguó, Rìběn děng
国家 23 只 大熊猫。 现在，在 美国、德国、日本 等

guójiā dōu yǒu Zhōngguó de dàxióngmāo.
国家 都 有 中国 的 大熊猫。

竹子 *n.*
bamboo

动作 *n.*
action, movement

生长 *v.*
grow, grow up

国宝 *n.*
national treasure

一共 *adv.*
altogether, in all

想一想 Questions

大熊猫生活在什么地方？
喜欢吃什么？

大熊猫是什么样子？

在你的国家有什么
特别的动物吗？

语言点 Language Points

因为……所以……
because

1. **因为大熊猫数量少、样子可爱，而且只生长在中国，所以人们说大熊猫是中国的"国宝"。**

   As pandas are rare, cute, and only exist in China, people say they are the "national treasure" of China.

   "因为A，所以B"，"因为"和"所以"是连词，"因为"用在前一小句，后一小句开头常用"所以"，表示因果关系，A为原因，B为结果。

   In "因为A，所以B", both "因为" and "所以" are conjunctive words. "因为" is used at the beginning of the first clause, and "所以" is used at the beginning of the latter one. They indicate "a causal relation" with A being the reason and B the consequence.

   （1）因为迟到的同学很多，所以老师生气了。

   （2）因为是红灯，所以他一直站在那儿等红灯变绿灯。

而且
and, moreover

2. **因为大熊猫数量少、非常可爱，而且只生长在中国，所以人们说大熊猫是"国宝"。**

   As pandas are rare, cute, and only exist in China, people say they are the "national treasure" of China.

   "而且"，连词。表示意思更进一层。连接并列的形容词、动词、小句等。

   "而且" is a conjunctive word used to indicate "moreover". It's often used to connect adjectives, verbs and clauses, etc.

   （1）中国很美，而且中国菜很好吃，所以我想去中国。

   （2）天黑了，而且正在下雨，我们不要出去玩儿了。

练 习 Exercises

选择正确答案。Choose the correct answer.

(1) 关于大熊猫，错误的是（   ）。

　　A. 大熊猫跑得很快　　　　　B. 大熊猫数量很少

　　C. 大熊猫是黑色和白色的

(2) 大熊猫是中国的"国宝"，因为它（   ）。

　　A. 身体又圆又胖　　　　　　B. 喜欢吃竹子

　　C. 数量很少，而且只生长在中国

(3) 中国送给别的国家大熊猫是（   ）。

　　A. 让更多的人看到大熊猫　　B. 向外国朋友表示友好

　　C. 让大熊猫看到更多的人

小知识 Cultural Tips

大熊猫
The Panda

　　野生大熊猫身体肥胖，动作缓慢笨拙，但是擅长爬树，而且听觉异常灵敏，受到惊扰时，就灵活地攀上高高的树梢，躲藏起来。另外，大熊猫的食量很大，一头成年的大熊猫每昼夜要吃 15 千克至 20 千克竹子。它们没有冬眠的习惯，冬天照常活动。

　　Wild pandas are chubby and slow in movement, but they are good at climbing trees and have sharp hearing. When frightened or disturbed, they will climb up trees to hide themselves. In addition, pandas eat a lot. An adult panda eats 15 to 20 kilograms of bamboo in a day and a night. They don't hibernate and move about as usual in winter.

15 Wǒ jiù zhīdào nǐ huì zhème zuò!
我就知道你会这么做！
I Knew You Would Do It!

吃苹果的时候，你喜欢大的还是小的？
为什么？课文中的哥哥和弟弟又是怎么做的呢？

我就知道你
会这么做！

太太 *n.*
Mrs. (a form of
address for married
women), madam

糖 *n.*
sweets, candy

牙 *n.*
tooth

Wáng tàitai yǒu liǎng gè érzi, xiǎo de wǔ suì, dà de qī
王 太太 有 两 个 儿子，小 的 五 岁，大 的 七

suì. Yí gè Xīngqītiān de shàngwǔ, tā zhèngzài xǐ yīfu, xiǎo
岁。一 个 星期天 的 上午，她 正在 洗 衣服，小

érzi zǒu guòlái shuō："Māma wǒ xiǎng chī táng."
儿子 走 过来 说："妈妈，我 想 吃 糖。"

Wáng tàitai xiǎngle xiǎng, shuō："Táng chīduō le duì yá bù hǎo,
王 太太 想了 想，说："糖 吃多了 对 牙 不 好，

chī píngguǒ ba, yí gè gěi gēge." Shuōwán, gěi tā liǎng gè
吃 苹果 吧，一 个 给 哥哥。" 说完，给 他 两 个

píngguǒ. Zhè liǎng gè píngguǒ yí gè dà, yí gè xiǎo. Xiǎo érzi
苹果 。这 两 个 苹果 一 个 大，一 个 小。小 儿子

bǎ xiǎo de gěile gēge, dà de liúgěile zìjǐ.
把 小 的 给了 哥哥，大 的 留给 了 自己。

Gēge kàndào dìdi de píngguǒ dà, jiù duì dìdi shuō: "zì-
哥哥 看到 弟弟 的 苹果 大，就 对 弟弟 说: "自

jǐ tiāo dà de tài zìsī le. Yàoshi māma gěi wǒ zhè liǎng gè
己 挑 大 的 太 自私 了。要是 妈妈 给 我 这 两 个

píngguǒ, wǒ yídìng bǎ dà de gěi nǐ."
苹果，我 一 定 把 大 的 给 你。"

"Wǒ jiù zhīdào nǐ huì zhème zuò," dìdi huídá shuō,
"我 就 知道 你 会 这 么 做，"弟弟 回答 说，

"suǒyǐ wǒ nále dà de."
"所以 我 拿了 大 的。"

留给 *v.*	reserve ... for, keep ... for
挑 *v.*	choose, pick
自私 *adj.*	selfish

想一想 Questions

王太太给两个儿子吃什么了？
为什么没有给他们糖？

王太太的两个儿
子多大了？

弟弟为什么把大苹
果留给了自己？

71

语言点 Language Points

<table>
<tr>
<td>要是
if</td>
<td>

1. 要是妈妈给我这两个苹果，我一定把大的给你。

If Mum gave me these two apples, I would definitely give you the bigger one.

"要是"，连词。表示假设，和"如果"的意思一样。

"要是" is a conjunctive word used to indicate "assumption", similar in meaning to "如果".

（1）要是我有很多钱，我想去上海玩儿一个月。

（2）要是明天下雨，我们就不去长城。

</td>
</tr>
<tr>
<td>一定
definitely</td>
<td>

2. 要是妈妈给我这两个苹果，我一定把大的给你。

If Mum gave me these two apples, I would definitely give you the bigger one.

"一定"，副词。表示"态度坚决地；必须"的意思。

"一定" is an adverb used to indicate "resolutely", "must".

（1）明天有考试，同学们一定不要迟到。

（2）如果妈妈生病了，我一定马上回国。

</td>
</tr>
</table>

练 习 Exercises

判断正误。 True or false.

(1) 小儿子想吃苹果，于是，王太太给了他苹果。　　　　　(　)

(2) 王太太给了小儿子两个苹果，一个大，一个小。　　　　(　)

(3) 弟弟把大的苹果给了哥哥，小的留给了自己。　　　　　(　)

(4) 哥哥有点儿不高兴，觉得弟弟自私。　　　　　　　　　(　)

小知识 Cultural Tips

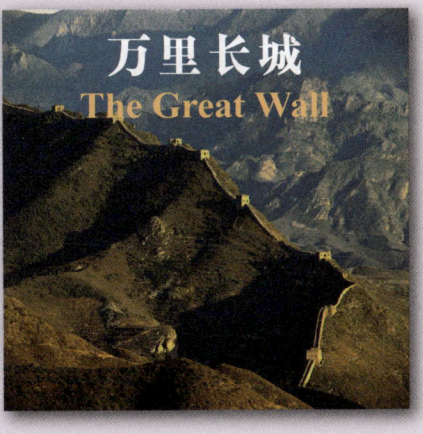

万里长城
The Great Wall

　　长城是中国古代劳动人民创造的奇迹。它全长约 12 600 里（6 300 千米），所以被称为"万里长城。"自战国时期开始，修筑长城一直是一项大工程。据记载，秦始皇动用了近百万劳动力修筑长城，占当时全国人口的 1/20！当时没有任何机械，全部劳动靠人力，而工作环境很恶劣。可以想象，没有大量的人进行艰苦的劳动，是无法完成这项巨大工程的。1987 年 12 月，长城被列入《世界遗产名录》。

The Great Wall of China is the wonder built by the Chinese People in ancient times. It is around 12,600 *li* long, hence the name "万里长城". Building of the enormous project began in the Warring States Period. It is recorded that the emperor Qin Shihuang employed almost one million laborers to construct it, almost one-twentieth of the population of the country. At that time, there was no machine, and all the work was done by hand. Moreover, their working conditions are very bad. It can be imagined that the big project would not have been completed without the arduous work by the huge number of people. In December 1987, the Great Wall was included in the *UNESCO World Heritage List*.

16

Kěndéjī mài yóutiáo

肯德基卖油条

KFC Sells Deep-fried Dough Sticks

你去过肯德基吗？
你吃过肯德基的油条吗？

洋 *n.*
foreign, western

快餐 *n.*
fast food

Kěndéjī shì yǒumíng de yáng kuàicān. Cóng 2008 nián 1 yuè
肯德基 是 有名 的 洋 快餐。 从 2008 年 1 月

kāishǐ, Kěndéjī de zǎocān yǒule yóutiáo —— yì zhǒng Zhōngguó
开始，肯德基 的 早餐 有了 油条—— 一 种 中国

de chuántǒng shípǐn.
的 传统 食品。

Duì Kěndéjī mài yóutiáo zhè jiàn shì, rénmen yǒu bùtóng de
对 肯德基 卖 油条 这 件 事， 人们 有 不同 的

kànfǎ. Yǒude rén shuō:" Kěndéjī mài yóutiáo yě kěyǐ, zhèyàng
看法。 有的 人 说：" 肯德基 卖 油条 也 可以， 这样

wǒmen chī zǎocān jiù duōle yí gè xuǎnzé." Dàn yǒude rén
我们 吃 早餐 就 多了 一 个 选择。" 但 有的 人

shuō:" Kěndéjī mài yóutiáo, wǒ zǒngshì juéde yǒudiǎnr qíguài.
说：" 肯德基 卖 油条， 我 总是 觉得 有点儿 奇怪。

Zhōngguó fànguǎnr zuò de yóutiáo yīnggāi gèng hǎochī!" Hái yǒude
中国 饭馆儿 做 的 油条 应该 更 好吃！" 还 有的

rén shuō:" Kěndéjī de yóutiáo sān yuán yì gēn, tài guì le,
人 说：" 肯德基 的 油条 三 元 一 根， 太 贵 了，

yīnggāi piányi diǎnr."
应该 便宜 点儿。"

肯德基 *n.* Kentucky Fried Chicken (KFC)	
传统 *adj.* traditional	
食品 *n.* food	
看法 *n.* opinion, view	
总是 *adv.* always, invariably	
根 *m.* (for long, thin objects) a stick of	

想一想 Questions

对肯德基卖油条这件事，人们
有什么看法？你的看法呢？

肯德基是什么
企业（qǐyè: enterprise,
corporation）？

语言点 Language Points

<table>
<tr>
<td>

从……开始
from … on, since

</td>
<td>

1. 从 2008 年 1 月开始，肯德基的早餐有了油条——一种中国的传统食品。

Deep-fried dough sticks, a kind of traditional Chinese food, have been served in the breakfast of KFC since January, 2008.

"从……开始"，表示开始的时间。

"从……开始" indicates "the starting time".

(1) 来中国以后我胖了，我想从明天开始减肥。

(2) 从星期一开始，王老师教我们汉语。

</td>
</tr>
<tr>
<td>

对
to, towards,
as to

</td>
<td>

2. 对肯德基卖油条这件事，人们有不同的看法。

As to KFC selling deep-fried dough sticks, people have different opinions.

"对"，介词。后面接一个名词性短语，表示涉及的事物。

"对" is a preposition that is used before a nominal phrase to indicate things referred to.

(1) 对成绩不好的同学，我们要多帮助。

(2) 对你的问题，老师回去想一想，明天回答你。

</td>
</tr>
</table>

练 习 Exercises

判断正误。 True or false.

（1）油条是中国的传统食品。 （　）

（2）油条是中国人喜欢的食品，所以肯德基开始在中国卖油条。 （　）

（3）肯德基的油条三元钱一根，中国人觉得很便宜。 （　）

（4）对肯德基卖油条这件事，中国人都觉得很好。 （　）

小知识 Cultural Tips

油 条
Deep-Fried Dough Sticks

　　油条是中国家喻户晓的传统早餐食品。关于油条，还有一个传说。相传在南宋时，人们对一个叫"秦桧"的奸臣恨之入骨，于是人们就把面团做成长条的人形代表秦桧，然后放到油锅里炸，炸好的东西就成了油条。油条外酥里嫩、色泽金黄、咸香适口，逐渐成为老少皆宜、妇幼喜食的大众早餐食品，并流传至今。

　　Deep-fried dough sticks are a traditional breakfast food in China. Legend has it that in the Southern Song Dynasty, people hated a treacherous court official named Qin Hui so much that they made the dough into long, human-shaped sticks to represent him and fried the sticks in oil, thus came the deep-fried dough sticks. It is crisp outside and tender inside with a golden color and mild salty flavor, and gradually became the food for breakfast widely accepted and favored by all ages ever since.

17

Shànyì de huǎnghuà
善意的谎话
White Lies

什么是善意的谎话？

你说过善意的谎话吗？

我说"见到你很高兴"
这就是善意的谎话

总统 *n.*
president

竞选 *v.*
run for, campaign
for

Měiguó qiánzǒngtǒng Kǎtè jìngxuǎn de shíhou, yí wèi ài zhǎo
美国　前总统　卡特　竞选　的　时候，一　位　爱　找

máfan de nǚ jìzhě fǎngwènle tā de mǔqīn.
麻烦　的　女　记者　访问了　他　的　母亲。

Nǚ jìzhě wèn: "Nǐ érzi shuō rúguǒ tā shuō huǎnghuà,
女　记者　问："你　儿子　说，如果　他　说　谎话，

nàme dàjiā jiù búyào xuǎn tā. Nǐ gǎn shuō nǐ érzi cónglái
那么 大家 就 不要 选 他。你 **敢** 说 你 儿子 从来

méiyǒu shuōguo huǎng?"
没有 说过 谎？"

Kǎtè de mǔqīn huídá shuō:"Yěxǔ wǒ érzi shuōguo huǎng,
卡特 的 母亲 回答 说："也许 我 儿子 说过 谎，

dàn dōu shì shànyì de."
但 都 是 **善意** 的。"

"Shénme shì shànyì de huǎnghuà?"
"什么 是 善意 的 谎话？"

"Nǐ jìde ma, jǐ fēnzhōng qián, dāng nǐ jìnlái de shíhou,
"你 **记得** 吗，几 分钟 前，当 你 进来 的 时候，

wǒ duì nǐ shuō,'Nǐ zhēn piàoliang, wǒ jiàndào nǐ hěn gāoxìng'.
我 对 你 说，'你 真 漂亮，我 见到 你 很 高兴'。

Zhè jiù shì shànyì de huǎnghuà."
这 就 是 善意 的 谎话。"

记者 *n.*
reporter, journalist

访问 *v.*
interview, visit

谎话 *n.*
lie

敢 *v.*
dare

善意 *n.*
goodwill, good
intentions

记得 *v.*
remember

想一想 Questions

这个故事发生在
什么时候?

卡特的母亲说了什么
善意的谎话?

语言点 Language Points

从来
always, at all times

1. **你敢说你儿子从来没有说过谎？**

   Dare you say that your son has never told a lie?

   "从来"，副词。表示从过去到现在都是如此。多用于否定句。

   "从来" is an adverb that indicates something is true from the past to the present. It's often used in a negative sentence.

   （1）因为经常睡不着，所以他从来不喝咖啡。

   （2）我的朋友从来没有来过中国，我回国的时候一定给他买个中国的礼物。

当……的时候
when

2. **当你进来的时候，我对你说，"你真漂亮，我见到你很高兴"。**

   When you came in, I said to you, "You are so pretty. I'm very glad to meet you."

   "当……的时候"，表示事件发生的时间。

   "当……时候" indicates "the time when something takes place".

   （1）当我回来的时候，爸爸、妈妈已经睡了。

   （2）当她下飞机的时候，北京正在下雨。

练习 Exercises

判断正误。 True or false.

（1）女记者是个爱找麻烦的人。　　　　　　　　　　（　　）

（2）卡特的母亲说自己的儿子从来没有说过谎。　　（　　）

（3）"你真漂亮，我见到你很高兴"是善意的谎话。　（　　）

中国的母亲河——黄河
The Mother River of China
—Yellow River

黄河是世界上含沙量最多的河流，也是中国第二长河，世界第五长河。它的干流贯穿九个省、自治区，被称为中国的"母亲河"。黄河流域气候温和，水文条件优越，有利于农作物生长，先民们很早便定居在这里。可以说，黄河孕育了中华文明，是中华民族的摇篮。由于泥沙淤积，在全长5 464千米的黄河的大部分河段里，河床都高于流域内的城市、农田，全靠大堤约束，它因而也被称为"悬河"。

Yellow River, the river with the highest degree of sand concentration in the world, is the second longest river in China and the fifth longest in the world. Its main stream winds through nine provinces and autonomous regions of China. Yellow River is also called "the Mother River of China". The mild climate and favorable hydrological conditions in its drainage area are good for the growth of crops, so the ancestors of the Chinese people settled down here very early. It is a safe conclusion that Yellow River is the cradle of the Chinese people and their civilization. Because of the sedimentation of mud and sand, along

most parts of the 5,464-kilometer-long Yellow River, the riverbed rises higher than the cities and cropland in the drainage area, and is withheld completely by levees. That's why it's also called the "Suspended River".

18

Bīngdǎorén   wèishénme   chángshòu?

冰岛人为什么长寿?

Why Icelanders Live Long Lives?

你知道冰岛这个国家吗?

那儿的人很长寿。

冰岛 n.
Iceland

寒冷 adj.
cold, frigid

土地 n.
land

夜晚 n.
night, evening

Bīngdǎo shì yí gè guójiā, tā zài hánlěng de běi Dàxī Yáng
冰岛 是 一 个 国家,它 在 寒冷 的 北 大 西 洋

shang, 13% de tǔdì shang shì bīngxuě. Bīngdǎo dōngtiān de yèwǎn
上, 13% 的 土地 上 是 冰雪。 冰岛 冬天 的 夜晚

hěn cháng, měi tiān yǒu 20 gè xiǎoshí.
很 长,每 天 有 20 个 小时。

Shēnghuó zài zhèyàng hánlěng de dìfang, Bīngdǎorén de
生活 在 这样 寒冷 的 地方, 冰岛人 的

píngjūn shòumìng què shì shìjiè shang zuì cháng de. Wèishénme ne?
平均　寿命　却 是 世界　上　最　长 的。为什么　呢?

Wèile dédào zhège wèntí de dá'àn, Měiguó de yí gè diàochá
为了 得到 这个 问题 的 答案, 美国 的 一 个 调查

zǔzhī, duì shìjiè shang 18 gè guójiā de rén zuòle yí cì diàochá,
组织, 对 世界 上 18 个 国家 的 人 作了 一 次 调查,

jiéguǒ shì: Bīngdǎorén shì shìjiè shang zuì kuàilè de rén. Cānjiā
结果 是: 冰岛人 是 世界 上 最 快乐 的 人。参加

diàochá de 27 wàn Bīngdǎorén zhōng, 82% dōu duì zìjǐ de
调查 的 27 万 冰岛人 中, 82% 都 对 自己 的

shēnghuó hěn mǎnyì.
生活 很 满意。

Zhīdào ma? Bīngdǎorén yīnwèi kuàilè, suǒyǐ chángshòu, kuàilè
知道 吗? 冰岛人 因为 快乐, 所以 长寿, 快乐

shì rénmen xīnli de yángguāng.
是 人们 心里 的 阳光。

平均 *adj.*	average
寿命 *n.*	lifespan
却 *adv.*	but, yet, however
调查 *v.*	investigate
长寿 *adj.*	long-lived, longevous
阳光 *n.*	sunlight, sunshine

想一想 Questions

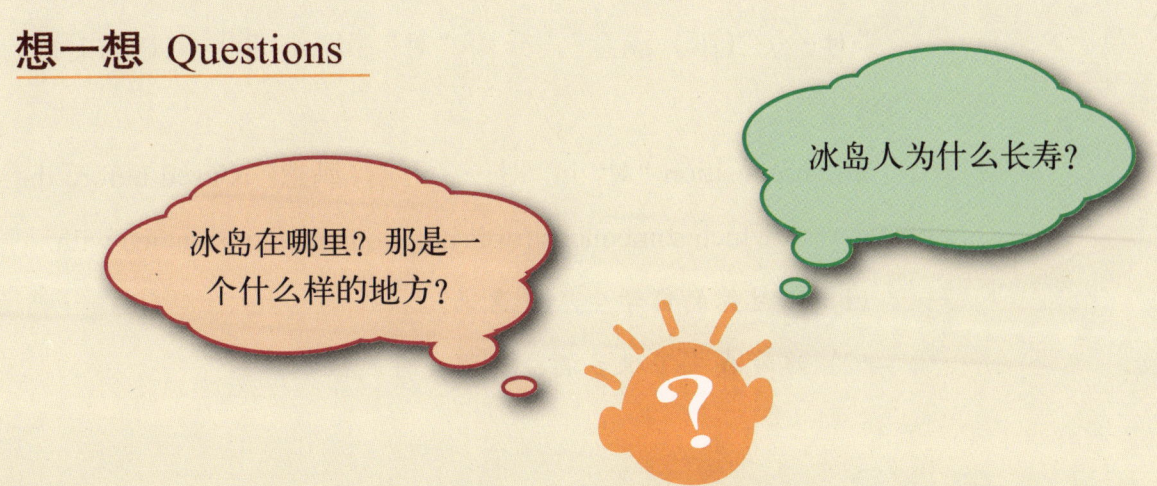

冰岛人为什么长寿?

冰岛在哪里? 那是一个什么样的地方?

语言点 Language Points

<table>
<tr>
<td>

为了
for, for the sake of, in order to

</td>
<td>

1. 为了得到这个问题的答案，美国的一个调查组织，对世界上 18 个国家的人作了一次调查。

In order to get the answer to this question, one research group from the US conducted a survey in 18 countries.

"为了"，介词。表示原因、目的，后面可以是名词、动词或句子。

"为了" is a preposition that indicates "reasons and purposes". It can be used before a noun, a verb or a sentence.

(1) 为了孩子，妈妈每天都很早回家。

(2) 为了买一辆自行车，他去了三个商店。

</td>
</tr>
<tr>
<td>

对……（不）满意
be satisfied (dissatisfied) with

</td>
<td>

2. 参加调查的 27 万冰岛人中，82% 都对自己的生活很满意。

Among the 270 thousand Icelanders participating in the survey, 82% of them were contented with their lives.

"对……（不）满意"，介词"对"引出（不）满意的对象、内容。

The preposition "对" in "对……（不）满意" is used before the object, with which someone is (or is not) contented or satisfied with.

(1) 你对你的留学生活满意吗？

(2) 昨晚我喝了很多酒，女朋友对我很不满意。

</td>
</tr>
</table>

练 习 Exercises

判断正误。 True or false.

（1）冰岛是个非常寒冷的国家。　　　　　　　　　　（　　）

（2）为了知道冰岛有多少人，美国的一个组织作了调查。（　　）

（3）冰岛只有 27 万人。　　　　　　　　　　　　　　（　　）

（4）冰岛人因为快乐，所以长寿。　　　　　　　　　　（　　）

小知识　Cultural Tips

中国人的生日
How the Chinese Celebrate Their Birthdays

　　长寿一直是人们的美好愿望。中国人过生日的时候，一般要吃"寿面"，就是长长的面条，表示长久、长寿。老年人过生日叫"做寿"，如七十大寿、八十大寿等。过生日的人叫"寿星"。人们会送给寿星"寿桃"，就是用面做成的"桃子"，红白相间。有的寿桃还会做成各种形状，非常精美。不过，现在中国人过生日也是中西合璧，既吃蛋糕，又吃寿面，有的还要吃寿桃。

　　Longevity has long been a dream of mankind. When Chinese people celebrate their birthdays, they will have "寿面" (birthday noodles), i.e., long noodles, which indicate a healthy long life. Birthday celebration of the elderly people is called "做寿", for example, 七十大寿 (the seventieth birthday) and 八十大寿 (the eightieth birthday), etc. One is called "寿星" when celebrating his/her birthday. People give "寿桃" as birthday presents, steamed peach-shaped birthday buns made of flour with red spots on them. There are also more exquisite birthday peaches of different shapes. Nowadays, birthday celebrations of Chinese people are often a combination of Chinese and Western traditions in that there are birthday cakes, birthday noodles, and birthday peaches.

19

Zéi duō
贼多
Zeiduo (Quite a Lot)

"贼"的意思是"小偷",那么"贼多"的意思是什么呢?

这里的旅馆贼多!

城市 *n.*
city

哈尔滨 *n.*
Harbin (the provincial capital of Heilongjiang Province, in Northeast China)

旅馆 *n.*
hotel

热情 *adj.*
warmhearted, enthusiastic

Yǒu gè nánfāngrén, dì-yī cì dào běifāng chéngshì Hā'ěrbīn,
有 个 南方人, 第一 次 到 北方 城市 哈尔滨,

xiǎng zhǎo gè zhù de dìfang. Tā wèn yí gè Hā'ěrbīnrén: "qǐng
想 找 个 住 的 地方。他 问 一 个 哈尔滨人:"请

wèn nǎli yǒu lǚguǎn?"
问 哪里 有 旅馆?"

Hā'ěrbīnrén rèqíng de gàosu tā: "Zhèli de lǚguǎn zéi duō!"
哈尔滨人 热情 地 告诉 他:"这里 的 旅馆 贼 多!"

Nánfāngrén shuō: "Lǚguǎn zéi duō, nà wǒ jiù zhǎo fàndiàn."
南方人 说:"旅馆 贼 多,那 我 就 找 饭店。"

Hāěrbīnrén yòu gàosu tā: "Fàndiàn tóngyàng zéi duō."
哈尔滨人 又 告诉 他: "饭店 同样 贼 多。"

Nánfāngrén shuō: "Zéi duō de dìfang jiù bú qù le, wǒ xiǎng
南方人 说: "贼 多 的 地方 就 不 去 了,我 想

zhǎo gè jiǔdiàn."
找 个 酒店。"

Nàge rén huídá: "Jiǔdiàn ma yě shì zéi duō."
那个 人 回答: "酒店 嘛,也 是 贼 多。"

Nánfāngrén hěn jīngyà: "Á? Zhèlǐ zéi duō, nàlǐ zéi duō,
南方人 很 惊讶: "啊? 这里 贼 多,那里 贼 多,

Hāěrbīn de zéi zhème duō!"
哈尔滨 的 贼 这么 多!"

Nàge Hāěrbīnrén hāhā-dàxiào, shuō: "Wùhuì le, wùhuì le.
那个 哈尔滨人 哈哈大笑, 说: "误会 了,误会 了。

'Zéi duō' de 'zéi', yìsi bú shì 'xiǎotōu', ér shì 'hěn'. Suǒyǐ
'贼 多' 的 '贼',意思 不 是 ' 小偷 ',而 是 ' 很 '。所以

'zéi duō' jiù shì 'hěn duō' de yìsi."
'贼 多' 就 是 ' 很 多 ' 的 意思。"

贼 *adv.*	very, quite ("贼" literally means thief. In the dialect of North China, however, it can be used as an adverb.)
饭店 *n.*	hotel
同样 *adj.*	similar, same
酒店 *n.*	hotel (larger and better equipped than 旅馆)
惊讶 *adj.*	surprised, astonished
误会 *v.*	misunderstand

想一想 Questions

南方人想找什么?

"贼多"的意思是什么?

语言点 Language Points

嘛
(a modal particle)

1. **酒店嘛，也是贼多。**

   As to hotels, they are also *zéiduō* (numerous).

   "嘛"，助词。用在主语后，表示停顿，强调主语，并引起对方注意。

   "嘛" is an auxiliary word used after the subject to introduce a pause, emphasize the subject and draw the other party's attention.

   (1) 汉语嘛，就是要多听多说才能学好。

   (2) 这个城市嘛，长寿的人非常多。

不是……而是……
not … but …

2. **"贼多"的"贼"，意思不是"小偷"，而是"很"。**

   "贼" in "贼多" doesn't mean "thief", but "very, quite".

   "不是 A 而是 B"，表示否定 A 而肯定 B。

   "不是 A 而是 B" means "a negation of A and an approval of B".

   (1) 大熊猫最喜欢吃的，不是苹果而是竹子。

   (2) 拿大苹果的不是哥哥而是弟弟。

练 习 | Exercises

判断正误。 True or false.

(1) 南方人是第一次去哈尔滨。 （　　）

(2) 哈尔滨的旅馆、饭店、酒店里有很多小偷。 （　　）

(3) 因为哈尔滨有很多酒店，所以南方人很惊讶。 （　　）

(4) 南方人不知道"贼"有"很"的意思，所以误会了。 （　　）

小知识 Cultural Tips

中国的方言
Dialects in China

　　中国由于地域辽阔、人口众多、民族多样，所以南方和北方都有很多方言。而且，方言之间差异明显。由于不同方言在词汇、语音等方面的巨大差别，讲不同方言的人在交际过程中，经常会闹出误会和笑话。

　　Due to its vast territory, large population and various ethnic groups, China has many dialects in different areas. Differences among dialects are distinctive. People speaking different dialects often have misunderstandings and jokes in communication because of the great differences in their vocabulary, pronunciation, and so on.

20

Huánbǎo zhēngwén   dì-yī   míng

环保征文第一名

First Prize in a Writing Competition on Environmental Protection

现在人们越来越重视（zhòngshì：pay attention to）环境保护，那么怎么做才是真正的保护环境呢？

只有他才做到了环保！

环境 *n.*
environment

保护 *v.*
protect

Zài yí cì guānyú huánjìng bǎohù de zhēngwén huódòng
在 一 次 关于 环境 保护 的 征文 活动

zhōng, yīnwèi jiǎngjīn tèbié gāo, suǒyǐ cānjiā de rén fēicháng duō.
中， 因为 奖金 特别 高，所以 参加 的 人 非常 多。

Qízhōng, hěn duō rén de wénzhāng xiě de hěn hǎo. Dàn ràng rén
其中， 很 多 人 的 文章 写 得 很 好。但 让 人

chījīng de shì, dédào dì-yī míng de què shì yí gè zhōngxuéshēng.
吃惊 的 是，得到 第一 名 的 却 是 一 个 中学生。

Nà zhǐ shì yì piān yìbān de wénzhāng, wèishénme néng
那 只 是 一 篇 一般 的 文章， 为什么 能

dédào dì-yī míng ne? Yí wèi gōngzuò rényuán shuō: "Tā de
得到 第一 名 呢? 一 位 工作 人员 说："他 的

wénzhāng yěxǔ bú shì zuì hǎo de, dànshì, zài suǒyǒu de rén
文章 也许 不 是 最 好 的，但是，在 所有 的 人

zhōng, zhǐyǒu tā yí gè rén de wénzhāng shì shuāngmiàn dǎyìn
中， 只有 他 一 个 人 的 文章 是 双面 打印

de. Wǒmen dōu zhīdào, shuāngmiàn dǎyìn kěyǐ jiéyuē hěn duō
的。 我们 都 知道， 双面 打印 可以 节约 很 多

zhǐ. Ér rúguǒ néng jiéyuē 4 000 zhāng zhǐ, jiù kěyǐ bǎohù yì kē
纸。而 如果 能 节约 4 000 张 纸，就 可以 保护 一 棵

shù. Suǒyǐ zhǐyǒu tā cái zuòdàole huánbǎo!"
树。所以， 只有 他 才 做到了 环保！"

征文 v.	writing competition
奖金 n.	prize
文章 n.	article, essay
吃惊 v.	surprised
所有 adj.	all
双面 adj.	double-faced
打印 v.	print
节约 v.	save

想一想 Questions

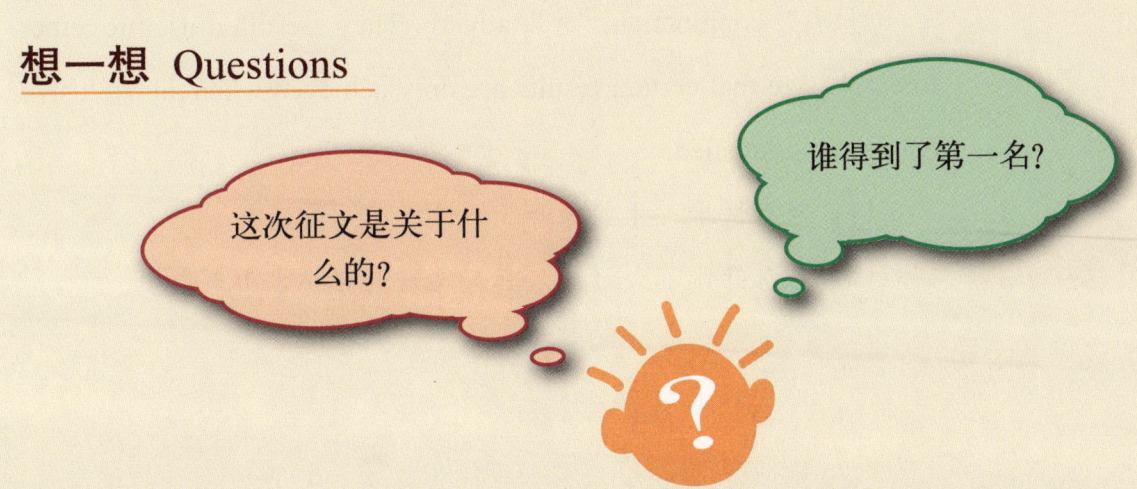

谁得到了第一名?

这次征文是关于什么的?

语言点 Language Points

其中
among them

1. 其中，很多人的文章写得很好。

Among them, quite a few people wrote good articles.

"其中"，名词。意思是"那里面"。它表示处所、范围，只能单用，不能加在名词的后头。

"其中" is a noun that means "among them". It refers to a certain location and scope. It can only be used alone, and cannot be put after nouns.

(1) 这个班有 10 个同学，其中，有 3 个日本人。

(2) 家里有茶、咖啡和可乐，其中，我最喜欢咖啡。

只有……才……
the only one that …

2. 所以，只有他才做到了环保。

So he is the only one who is environment-friendly.

"只有"，连词。"才"，副词。它们经常一起使用，强调必须满足唯一的条件才能出现一定的结果。

"只有", conjunction. "才", adverb. They are often used together to emphasize that certain results are only achieved when an exclusive condition is satisfied.

(1) 只有快乐，才能长寿。

(2) 老人身体不太好，只有天气好的时候才出来散步。

练 习 Exercises

选择正确答案。Choose the correct answer.

(1) 这次征文有很多人参加，因为（   ）。

    A. 征文是关于环境保护的   B. 奖金特别高   C. 很多人的文章都写得很好

(2) 那个中学生的文章（   ）。

    A. 一般   B. 很好   C. 最好

(3) 中学生得到了第一名，是因为他（   ）。

    A. 文章写得最好   B. 年龄很小   C. 做到了环保

(4) 中学生的环保做法是（   ）。

    A. 双面打印文章   B. 节约了 4000 张纸   C. 保护了一棵树

小知识 Cultural Tips

环境保护
Environmental Protection

中国植树节（3月12日）
Chinese Tree-planting Day March 12th

    中国在经济和社会快速发展的同时，逐渐认识到了环境保护的重要性。环境保护已经成为中国刻不容缓的工作。日本是世界上资源最少的国家之一，国民的资源危机感很强，因此也成为世界上节能、环保做得最好的国家之一。瑞士、挪威等一些北欧国家也在环境保护方面起到了榜样作用。

    As China enjoys fast economic and social development, it has gradually come to realize the importance of environmental protection, an urgent task that cannot afford any delay. Japan is one of the countries with the least natural resources in the world. Its citizens are strongly aware of this. Therefore, it is one of the best countries in the world in energy saving and environmental protection. Some northern European countries such as Switzerland and Norway have also set good examples in environmental protection.

21

Shànghǎi gěi wǒ de lǐwù

上海给我的礼物

A Present from Shanghai

你是一个经常想家的人吗？

如果想家了，你会怎么办？

留学 v.
study abroad

想念 v.
miss

心情 n.
mood, state of mind

喝醉 v.
get drunk

Qùnián wǒ kāishǐ le zài Shànghǎi de liúxué shēnghuó. Gāng
去年 我 开始 了 在 上海 的 留学 生活。 刚

kāishǐ, wǒ juéde Hànyǔ hěn nán, jiāzhī xiǎngniàn jiārén, suǒyǐ
开始，我 觉得 汉语 很 难，加之 想念 家人，所以

xīnqíng hěn bù hǎo. Yì tiān wǎnshang, wǒ hēle hěn duō jiǔ, zài
心情 很 不 好。一 天 晚上，我 喝了 很 多 酒，在

sùshèlóu xià de yǐzi shang shuìzháo le. "Tóngxué, nǐ hēzuìle
宿舍楼 下 的 椅子 上 睡着 了。"同学，你 喝醉了

ma?" yí wèi fúwùyuán yòng wēnróu de shēngyīn jiàoxǐng wǒ, "Nǐ
吗?"一 位 服务员 用 温柔 的 声音 叫醒 我,"你

shì dì-yī cì lái Zhōngguó ba, shì bú shì xiǎngjiā le?" Wǒ de
是 第一 次 来 中国 吧,是 不 是 想家 了?"我 的

yǎnlèi yíxiàzi liúle chūlái.
眼泪 一下子 流了 出来。

　Dì-èr tiān, wǒ yòu jiàndàole nà wèi fúwùyuán. Tā yí jiànmiàn
　第二 天,我 又 见到了 那 位 服务员。她 一 见面

jiù shuō: "Shì nǐ ya, xiànzài hǎo xiē le ba?" Tā hái rèqíng de
就 说:"是 你 呀,现在 好 些 了 吧?"她 还 热情 地

gěile wǒ yí kuàir xiǎo diǎnxin. Wǒ yòu liúlèi le! Zhè shì wǒ zài
给了 我 一 块儿 小 点心。我 又 流泪 了! 这 是 我 在

Shànghǎi shōudào de dì-yī jiàn lǐwù —— yì kē lǐjiě de xīn.
上海 收到 的 第一 件 礼物 —— 一 颗 理解 的 心。

Zhège lǐwù ràng wǒ juédìng, wǒ yào jìxù xué xiàqù.
这个 礼物 让 我 决定,我 要 继续 学 下去。

温柔 *adj.* gentle, tender	
叫醒 *v.* wake up someone	
眼泪 *n.* tear	
点心 *n.* biscuit	
理解 *v.* understand	
继续 *v.* continue	

想一想 Questions

"我"为什么决定继续学下去?

"我"为什么喝了很多酒?

语言点 Language Points

加之
besides

1. **我觉得汉语很难，加之想念家人，所以心情很不好。**

I found Chinese very difficult to learn. What's more, I missed my family very much. So I was in a very bad mood.

"加之"，连词。承接前一个分句，提出进一层的原因或条件。

"加之" is a conjunction that brings forward a further reason or condition after a clause.

(1) 我昨天忙了一天，加之没吃东西，所以今天不太舒服。

(2) 服务员很关心我，加之又送给我点心，我一下子就流泪了。

决定
decide

2. **这个礼物让我决定，我要继续学下去。**

This gift made me determined to continue my study.

"决定"，动词。表示对如何行动作出主张。

"决定" is a verb that means "decide to do something".

(1) 明天是妹妹的生日，我决定买一件衣服送给她。

(2) 他决定下个月回国，看看生病的奶奶。

练 习 Exercises

1. **选择正确答案。Choose the correct answer.**

(1) "我" 刚来上海的时候心情很不好，是因为（　　　）。

　　A. 喝了很多酒　B. 汉语难学、想念家人　C. 第一次出国

(2) 下边不适合用来形容那位服务员的是（　　　）。

　　A. 温柔　　　　B. 热情　　　　　　　C. 辛苦

(3) "我" 在上海收到的第一个礼物是（　　　）。

　　A. 点心　　　B. 温柔的声音　　　　C. 一颗理解的心

2. 下面是"我"的变化，根据文章内容排列顺序。 The following are changes occurred to me. Arrange them in the correct order according to the text.

A. 喝了很多酒　　B. 收到了礼物　　C. 心情很不好　　D. 在椅子上睡着了

① ＿＿ ▭⟹ ② ＿＿ ▭⟹ ③ ＿＿ ▭⟹ ④ ＿＿

小知识 Cultural Tips

上海东方明珠广播电视塔
Shanghai Oriental Pearl TV Tower

　　东方明珠广播电视塔位于上海浦东，与外滩隔江相望，是上海的标志性建筑。它于 1994 年 10 月建成，塔高 468 米，是亚洲第二高塔，世界第四高塔。东方明珠广播电视塔的建筑形式表现为 11 个大小不一、高低错落的球体从蔚蓝的天空串联到如茵的草地上，寓有"大珠小珠落玉盘"的意境，体现了现代高科技与传统东方文化的完美统一。乘上电梯，只需约 40 秒钟，便可到达 263 米高的球上。在那里，极目远眺，上海美景尽收眼底。

Standing by the bank of Huangpu River with the Bund on the other side, the Oriental Pearl TV Tower, is a symbol of Shanghai in Pudong District. It was completed in October 1994. With the height of 468 meters, it ranks as the second highest tower in Asia and the fourth highest in the world. Eleven globes of different sizes are arranged at different heights and positions of the Tower, as if pearls were falling from the blue sky above to the green grassland below. This design gives one the poetic imagination of the lyrics "pearls of various sizes falling on a plate of jade" and reflects a perfect union of modern technology and ancient oriental culture. By elevator, it only takes about forty seconds to reach the ball at the height of 263 meters. There, gazing into the distance, you can have a panoramic view of Shanghai.

22

Xiǎo yōumò

小 幽 默

Humours

学校里有很多幽默故事，
我们一起来看一看。

Yī
一

幽默 *n.*
humour

问路 *v.*
ask the way

此 *pron.*
this

通 *adj.*
open

腿 *n.*
leg

Nán A: "Tóngxué, nǐ hǎo! Wǒ kěyǐ xiàng nǐ wènlù ma?"
男 A："同 学，你 好！我 可以 向 你 问路 吗？"

Nǚ A: "Dào nǎli?"
女 A："到 哪里？"

Nán A: "Dào nǐ xīnli."
男 A："到 你 心里。"

Nǚ A: "Duìbu qǐ, cǐ lù bù tōng."
女 A："对不起，此 路 不 通。"

Èr
二

Nán B: "Xiǎo jiě, nǐ de tuǐ yídìng hěn
男 B："小 姐，你 的 腿 一定 很

lèi ba!"
累 吧！"

Nǚ B: "Wèishénme?"
女 B："为 什么？"

NánB: "Yīnwèi nǐ zài wǒ nǎodai li pǎole yì tiān."
男 B："因为 你 在 我 脑袋 里 跑了 一 天。"

NǚB: "Wǒ juéde méi wèntí, yīnwèi nǐ de nǎodai zhēnde tài xiǎo le ."
女 B："我 觉得 没 问题，因为 你的 脑袋 真的 太 小 了。"

Sān
三

NánC: "Tóngxué, wǒ kěyǐ yòng yíxià
男 C："同 学，我 可以 用 一下

nǐ de shǒujī ma?"
你 的 手机 吗？"

NǚC: "Nǐ yào zuò shénme?"
女 C："你 要 做 什么？"

NánC: "Wǒ yào gěi péngyou dǎ diànhuà, shuō wǒ jīntiān kàndàole
男 C："我 要 给 朋友 打 电话，说 我 今天 看到了

shìjiè shang zuì piàoliang de nǚhái."
世界 上 最 漂亮 的 女孩儿。"

NǚC: "Duìbu qǐ, wǒ bù néng jiègěi nǐ."
女 C："对不起，我 不 能 借给 你。"

NánC: "Wèishénme?"
男 C："为 什么？"

NǚC: "Yīnwèi wǒ yě yào gěi péngyou dǎ diànhuà, gàosu tā wǒ
女 C："因为 我 也 要 给 朋友 打 电话，告诉 她 我

kàndàole yì zhī "qīngwā", hěn hàipà."
看到了 一 只 "青蛙"，很 害怕。"

世界 *n.* world

借 *v.* lend

青蛙 *n.* frog (On Internet, it refers to ugly men.)

害怕 *v.* fear, dread

想 一 想
Questions

这几个男生和女生互相认识吗？

"你在我脑袋里跑了一天"的意思是什么？

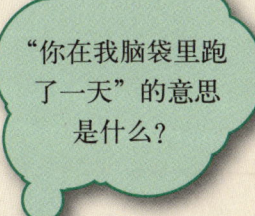

语言点 Language Points

向
to, towards, from

1. 同学，你好！我可以向你问路吗？

Hello, Can I ask you the way?

"向"，介词。引进动作行为的对象。这里用于"向 + sb. + v."结构中。

"向" is a preposition that indicates "the object of a certain action". It is used here in the structure "向 + sb. + v.".

(1) 我可以向你借五块钱吗？

(2) 我向那位服务员表示了感谢。

借给
lend to

2. 对不起，我不能借给你。

Sorry, but I can't lend it to you.

"借给"，表示动作发出者把东西借出去。可以带双宾语，借给某人某物。

"借给" means "lend something to someone". It can be followed by two objects, to lend someone something.

(1) 请把你家的红灯笼借给我，好吗？

(2) 我借给你汉语课本，借给你词典，你要请我吃饭吧？

练 习 Exercises

判断正误。 True or false.

(1) 男 A 喜欢女 A。 （　）

(2) "此路不通" 的意思是女 A 不喜欢男 A。 （　）

(3) 女 B 跑了一天，她很累。 （　）

(4) 女 C 觉得男 C 很好看。 （　）

(5) 女 C 真的很害怕青蛙。 （　）

小知识 Cultural Tips

校园情侣
Campus Lovers

　　恋爱现象在中国的大学校园里十分普遍。而在 20 世纪 80 年代，大学不提倡大学生谈恋爱，在校大学生不允许结婚。随着中国社会的发展，人们的观念也变得开放起来。现在在大学校园的很多场合，都能看到出双入对的情侣的身影。老一辈的人常会担心，这些孩子是不是太开放了？

　　Nowadays, it is common for college students to have boyfriends or girlfriends. But back in the 1980s, they were restrained from doing so and were not allowed to get married during their college years. With the development of the Chinese society, people are becoming more and more open-minded. Student lovers are quite common now on college campuses. However, the older generation still can't help but wonder: Are these children a little too open-minded?

23

Zhōngguórén de xìng: Mèng

中国人的姓：孟

A Chinese Family Name: Meng

你知道中国人有哪些姓吗？

有趣 *adj.*
interesting

盆 *n.*
pot, basin, tub

"Mèng" shì yí gè yǒuqù de Hànzì. Tā de shàngbian shì
"孟" 是 一 个 有趣 的 汉字。它 的 上边 是

"zǐ", xiàbian shì "mǐn". "Zǐ" shì yí gè háizi, "mǐn" shì yì
"子"，下边 是 "皿"。"子" 是 一 个 孩子，"皿" 是 一

zhǒng xiàng pén yíyàng de dōngxi. "Zǐ" hé "mǐn" fàngzài yìqǐ,
种 像 盆 一样 的 东西。"子" 和 "皿" 放在 一起，

hěn róngyì ràng rén xiǎngdào háizi xǐzǎo.
很 容 易 让 人 想 到 孩子 洗澡。

Háizi chūshēng hòu, dì-yī jiàn shì jiù shì xǐzǎo. Suǒyǐ,
孩子 出生 后，第一 件 事 就 是 洗澡。所以，

"mèng" zì jiù yǒu "gānggang chūshēng" de yìsi. "Mèngchūn"
"孟" 字 就 有 "刚刚 出生" 的 意思。"孟 春"

jiù shì chūntiān de dì-yī gè yuè. Jiālǐ zhǎngzǐ de míngzi yǒushí
就 是 春天 的 第一 个 月。家里 长子 的 名字 有时

yě yòng "Mèng" zì. Dāngrán, "Mèng" yě shì yí gè xìng. Lìrú,
也 用 "孟" 字。当然，"孟" 也 是 一 个 姓。例如，

Zhōngguó gǔdài yǒu wèi hěn yǒumíng de sīxiǎngjiā jiù jiào Mèngzǐ.
中国 古代 有 位 很 有名 的 思想家 就 叫 孟子。

出生 v.
be born

洗澡 v.
bathe

长子 n.
first boy child

古代 n.
ancient times

思想家 n.
thinker

想一想 Questions

孟子是谁？

为什么说 "孟" 是一个
有趣的字？

汉语中，"子" 是什么意思？
"皿" 是什么意思？

语言点 Language Points

当然
of course

1. **当然，"孟"也是一个姓。**

Of course, Meng is also a family name.

"当然"，副词。表示肯定，有加强语气的作用。

"当然" is an adverb used to intensify the tone of affirmation.

(1) 北极非常冷，探险家当然要能适应那儿的温度了。

(2) A：放假你去哪儿玩儿？

B：当然是西安了。

例如
for example

2. **例如，中国古代有位很有名的思想家就叫孟子。**

For example, there was a famous thinker in ancient China named Mencius.

"例如"，举例用语。

"例如" is used for giving examples.

(1) 他的爱好很多，例如听音乐、看电影、看书等。

(2) 有很多动物很聪明，例如狐狸、猴子等。

练习 Exercises

1. **判断正误。** True or false.

(1) "孟春"就是春天的第一个月。　　　　(　　)

(2) "孟"是一个姓，不可以放在名字里。　(　　)

(3) 中国古代有位很有名的思想家叫孟子。(　　)

2. 选择正确答案。Choose the correct answer.

（1）"孟"字很容易让人想到（　　）。

　　A. 孩子

　　B. 像盆一样的东西

　　C. 孩子洗澡

（2）"孟"字有"刚刚出生"的意思，因为（　　）。

　　A. 孩子出生后，第一件事是洗澡

　　B. "孟"是一个有趣的字

　　C. "孟春"就是春天的第一个月

小知识 Cultural Tips

中国人的姓
Family Names of the Chinese

　　中国人的姓有一个字的，也有两个字和两个字以上的。一个字的是单姓，两个字或两个字以上的是复姓。中国常见的姓有 200 多个。张、王、李、刘等是中国最常见的单姓，诸葛、欧阳、司马等是中国最常见的复姓。中国人的姓名都是姓在前、名在后，名大部分都是一个字或两个字。

　　Normally, family names of Chinese people consist of one character, but there are some consisting of two or more characters. Family names of one Chinese character are single-character surnames and those consisting of two or more are two-character or compound surnames. There are over 200 commonly used Chinese surnames, among which Zhang, Wang, Li, and Liu are the most common single-character surnames and Zhuge, Ouyang and Sima are the most common two-character surnames. The surnames of Chinese people are all put before their given names. Some given names have one character, and some have two.

24

Qí Báishí huà xiā
齐白石画虾
Qi Baishi Draws Shrimps

你看过中国画吗？听说过齐白石画虾的故事吗？

著名 *adj.* famous
晚年 *n.* old age, one's later years
大多数 *n.* majority
讲价 *v.* bargain

Qí Báishí shì Zhōngguó zhùmíng de huàjiā, tā huà de xiā
齐白石 是 中国 著名 的 画家，他 画 的 虾

fēicháng yǒumíng. Wǎnnián de shíhou, tā zài Běijīng huà xiā,
非常 有名。 晚年 的 时候，他 在 北京 画 虾，

zhǐyào yì yuán yì zhī. Dàduōshù rén bù jiǎngjià. Dànshì yǒu yì
只要 一 元 一 只。大多数 人 不 讲价。但是 有 一

tiān, yí wèi xiānsheng gěile sì yuán wǔ jiǎo qián, yāoqiú Qí Báishí
天， 一 位 先生 给了 四 元 五 角 钱，要求 齐 白石

huà wǔ zhī xiā.
画 五 只 虾。

Hěn kuài, sì zhī xiā huàhǎo le. Ránhòu, Qí Báishí zài huàzhǐ
很 快，四 只 虾 画好 了。 然后，齐 白石 在 画纸

de yòushàngjiǎo yòu jiāle yì zhī, dànshì zhè zhī xiā zhǐ yǒu bàn gè
的 右上角 又 加了 一 只，但是 这 只 虾 只 有 半 个

shēnzi, hǎoxiàng zài xiàng lìngwài sì zhī xiā yóu guòlái yíyàng. Nà
身子， 好像 在 向 另外 四 只 虾 游 过来 一样。那

wèi xiānsheng kāi wánxiào shuō: "Báishí Lǎorén zhēnshi xiǎoqi, duō
位 先生 开 玩笑 说："白石 老人 真是 小气，多

huà bàn zhī xiā yě bù xíng" Qí Báishí shuō: "Zhǐ shàng búshì sì
画 半 只 虾 也 不 行。"齐 白石 说："纸 上 不是 四

zhī bàn xiā, yě bú shì wǔ zhī xiā, érshì yì qún xiā. Tāmen zhèng
只 半 虾，也 不 是 五 只 虾，而是 一 群 虾。它们 正

gēnzhe nà zhī lòuchū bàn gè shēnzi de xiā yóu guòlái ne."
跟着 那 只 露出 半 个 身子 的 虾 游 过来 呢。"

右上角 top right corner	
另外 *pron.* other, another	
开玩笑 make a joke	
小气 *adj.* mean	
群 *n.* shoal, school	
跟 *v.* follow	
露 *v.* show, appear	

想一想 Questions

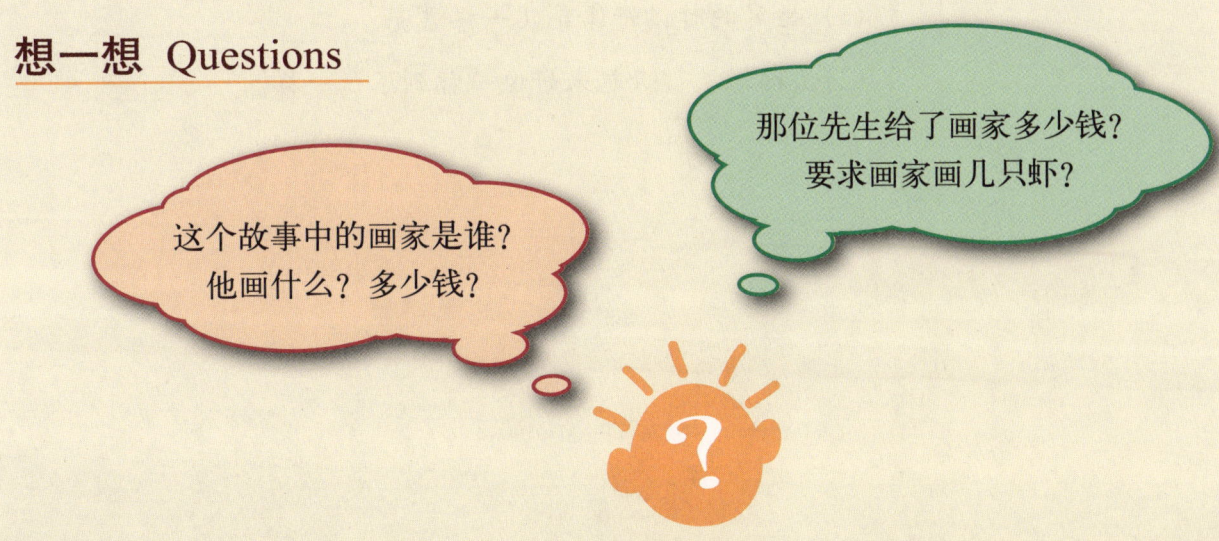

那位先生给了画家多少钱？
要求画家画几只虾？

这个故事中的画家是谁？
他画什么？多少钱？

语言点 Language Points

要求
ask, require

1. 有一天，一位先生给了四元五角钱，要求齐白石画五只虾。

One day, a gentleman offered four yuan and five jiao and asked Qi Baishi to draw five shrimps for him.

"要求"，动词。表示让某人做某事，有命令的意味。

"要求" is a verb that expresses the action of asking someone to do something. It has the implication of an order.

（1）明天去上海，老师要求学生不要迟到。

（2）下午有课，所以我要求服务员快点儿上菜。

好像⋯⋯一样
as if, look like

2. 但是这只虾只有半个身子，好像往向另外四只虾游过来一样。

But this shrimp is only half shown. It seems to be swimming towards the other four.

"好像⋯⋯一样"，表示比拟。

"好像⋯⋯一样" is a set pattern to express simile.

（1）她笑的时候好像花儿一样漂亮。

（2）"福倒了"听起来好像"福到了"一样。

练 习　Exercises

判断正误。 True or false.

（1）人们很喜欢齐白石画的虾，但是觉得有点儿贵。　（　　）

（2）一位先生想花四元五角钱买五只齐白石画的虾。　（　　）

（3）齐白石很小气，不愿意多画。　　　　　　　　　（　　）

（4）齐白石喜欢开玩笑。　　　　　　　　　　　　　（　　）

小知识　Cultural Tips

著名的中国画家齐白石
Famous Chinese Painter
Qi Baishi

中国画
Traditional Chinese Painting

中国画是用中国所独有的毛笔、水墨和颜料，按照传统的表现形式及艺术法则创作的绘画。主要特点是不求形似而求神似，采取夸张甚至变形的手法来传神达意。从画的技巧上可分为泼墨、工笔、写意、白描、指头画等。

As for traditional Chinese painting, brush ink and paint are used according to traditional ways of representation and art principles. It's the main characteristic of traditional Chinese painting to seek the likeness in spirit rather than in appearance. Exaggeration and even transformation are employed to achieve vivid and expressive effects. Based on different painting techniques, traditional Chinese painting can be classified into different categories, such as splash-ink, meticulous brushwork, freehand brushwork, line drawing and finger drawing.

齐白石画的虾
Shrimps drawn by Qi Baishi

25

Yícìxìng zuòkè?

一次性做客?

One Visit is Enough?

你会用一次性用品（yòngpǐn：articles for use）
招待（zhāodài：entertain）朋友吗？你觉得这样礼貌吗？

做客 v. be a guest	Yí gè péngyou qǐng wǒ hé zhàngfu qù tā jiā zuòkè, wǒmen 一个 朋友 请 我 和 丈夫 去 他 家 做客，我们
主人 n. host	hěn gāoxìng de názhe lǐwù qù le. Gāng jìnmén, zhǔrén jiù wèi 很 高兴 地 拿着 礼物 去 了。刚 进门，主人 就 为
一次性 adj. disposable	wǒmen zhǔnbèile yícìxìng tuōxié. Zhè zhǒng tuōxié zhēn bù shūfu. 我们 准备了 一次性 拖鞋。这 种 拖鞋 真 不 舒服。
拖鞋 n. slippers	Zhǔrén hěn rèqíng de qǐng wǒmen zuòxià, gěi wǒmen duān 主人 很 热情 地 请 我们 坐下，给 我们 端

chá. Chá hěn rè, kěshì zhǔrén ràng wǒmen shǐyòng yícìxìng zhǐbēi.
茶。茶 很 热，可是 主人 让 我们 使用 一次性 纸杯。

Chīfàn de shíjiān dào le, zhǔrén náchū yícìxìng zhuōbù pū zài
吃饭 的 时间 到 了，主人 拿出 一次性 桌布 铺 在

cānzhuō shang, yòu náchūle yícìxìng wǎn hé yícìxìng kuàizi. Yúshì,
餐桌 上，又 拿出了 一次性 碗 和 一次性 筷子。于是，

wǒ hé zhàngfu hěnkuài de chīwán fàn, juédìng zǎo diǎnr líkāi.
我 和 丈夫 很快 地 吃完 饭，决定 早 点儿 离开。

Zhǔrén sòng wǒmen xiàlóu, shùnbiàn bǎ wǒmen yòngguo de
主人 送 我们 下楼，顺便 把 我们 用过 的

dōngxi "pēng" de yì shēng rēngdàole lājīxiāng li. Ránhòu, zhǔrén
东西 "砰" 的 一 声 扔到了 垃圾箱 里。然后，主人

yúkuài de gēn wǒmen shuō zàijiàn, yāoqǐng wǒmen xiàcì zài lái.
愉快 地 跟 我们 说 再见，邀请 我们 下次 再 来。

Ò, tiān na, zhèyàng de zuòkè "yícìxìng" jiù gòu le!
哦，天 哪，这样 的 做客 "一次性" 就 够 了!

端 *v.*	hold sth. level with both hands
桌布 *n.*	table cloth
铺 *v.*	spread, extend
筷子 *n.*	chopsticks
顺便 *adv.*	in passing, incidentally
垃圾箱 *n.*	dustbin
愉快 *adj.*	happy, joyful

想一想 Questions

"我" 和 丈夫 去 哪里 做客？

这是 一次 愉快 的 做客 经历（jīnglì：experience）吗？为什么？

语言点 Language Points

顺便
in passing,
incidentally

1. **主人送我们下楼，顺便把我们用过的东西"砰"的一声扔到了垃圾箱里。**

When the host saw us off downstairs, he took the stuff we had used and threw them into the dustbin with a bang.

"A，顺便 B"，表示在做 A 的过程中很方便地做了 B。

"A，顺便B" indicates someone does B conveniently when he is doing A.

（1）我周末去第一百货大楼买了件衣服，还顺便在那儿买了一枝玫瑰。

（2）今天下午我去老师的办公室问问题，顺便交作业。

够了
enough

2. **哦，天哪，这样的做客"一次性"就够了！**

Oh, God, just one time of this kind of visit is enough!

"够了"，可以做谓语，表示不再需要，有时候有厌烦的语气。

"够了" can be used as predicate to indicate one needs something no more, sometimes implying impatience.

（1）爷爷给了我 10 000 美元，去中国留学的钱已经够了。

（2）今天晚上朋友来做客，我买了苹果、梨、西瓜，应该够了。

练 习 Exercises

根据课文内容，完成表格。Fill in the table according to the text.

什么时候？	用了什么一次性的东西？
进门的时候	
坐下以后	
吃饭的时候	

小知识 Cultural Tips

一次性产品
Disposable Products

　　随着工业的发展和人们生活节奏的加快，越来越多的一次性产品被生产出来。这些一次性产品虽然满足了人们追求快捷方便的生活需要，但是却消耗了大量的自然资源。并且，这些产品在废弃后不得不需要花费大量的人力、物力、财力去清除和治理，否则会给人类和自然带来巨大的危害。

Due to the development of industry and the increasingly fast pace of people's life, more and more disposable products are manufactured. Though these products meet people's need for convenience, large quantities of natural resources are consumed. In addition, more manpower, resources and money are needed to clear away the wastes. Otherwise, they will do great harm to mankind and nature.

练习答案
Answer Keys

1. ✓×✓

2. ✓×✓ BA

3. AAB

4. ✓×✓

5. ××BC

6. BCA

7. 人人，大人，夫人 ✓×

8. ACC

9. AC

10. AAB

11. ×✓✓✓

12. DACBEF

13. ×✓✓×

14. ACB

15. ×✓×✓

16. ✓✓××

17. ✓×✓

18. ✓××✓

19. ✓××✓

20. BACA

21. BCC C—A—D—B

22. ✓✓××

23. ✓×✓CA

24. ×✓××

25. 一次性拖鞋；一次性纸杯；一次性桌布、一次性碗、一次性筷子

声　明

　　本书所采用的语料，大多来自报刊、杂志、网络。根据本书的特点和需要，我们对所选材料进行了删节和改编。因时间紧迫，部分作者尚未联系上，请作者主动与我们联系，我们将按著作权法有关规定支付稿酬。在此，我们谨对原文作者表示感谢。

978-7-5135-0834-6
定价 39.00

978-7-5600-8234-9
定价 39.00

978-7-5600-8235-6
定价 39.00

978-7-5600-8236-3
定价 39.00

978-7-5600-8237-0
定价 39.00

978-7-5600-9117-4
定价 42.00

978-7-5600-9254-6
定价 42.00

978-7-5600-9159-4
定价 42.00

978-7-5135-0311-2
定价 42.00

网址：http://www.chineseplus.com   电话：010-88819973   邮箱：chinese@fltrp.com

中文天天读 *Reading China*   外研社汉语分级读物

978-7-5600-9434-2
定价：39.00

978-7-5600-9545-5
定价：39.00

978-7-5135-0638-0
定价：39.00

978-7-5600-9780-0
定价：39.00

中文天天读包含如下产品：

● 爱上中国	1A	（英语版、日语版、韩语版）
● 小马过河	1B	（英语版、日语版、韩语版）
● 奇妙的中文	2A	（英语版、日语版、韩语版）
● 自行车王国	2B	（英语版、日语版、韩语版）
● 八月八日，我们结婚	3A	（英语版、日语版、韩语版）
● 好一朵茉莉花	3B	（英语版、日语版、韩语版）
● 北京欢迎你	4A	（英语版、日语版、韩语版）
● 种下一棵爱情树	4B	（英语版、日语版、韩语版）
● 熊猫外交	5A	（英语版、日语版、韩语版）
● 中国的"春运潮"	5B	（英语版、日语版、韩语版）

978-7-5135-0846-9
定价：42.00

网址：http://www.chineseplus.com   电话：010-88819973   邮箱：chinese@fltrp.com

外研社·新HSK课堂系列

　　"外研社·新HSK课堂系列"是一套训练学生听、说、读、写各方面技能的综合性考试教材。包括"21天征服新HSK教程"、"21天征服新HSK专项训练"、"新HSK词汇"以及"新汉语水平考试HSK全真模拟试题"（包含试卷和试题详解）四大部分。本系列教材和试题紧扣新HSK大纲，涵盖了新HSK考试的全部考点，讲解浅显易懂，使学生能够快乐学习、轻松过关。

　　该系列已出版图书如下：

978-7-5600-9610-0
定价：49.00

978-7-5600-6038-5
定价：45.00

978-7-5600-9839-5
定价：86.00

978-7-5600-5407-0(01)
定价：49.00

● **权威性**：由从事HSK教学多年的教师编写，经验丰富，预测准确。

● **全面性**：详细介绍新HSK考试，全面收录考试题型，提供科学系统的应试方案和解题技巧。

● **综合性**：将汉语技能综合到考点中讲授，全面锻炼考生的汉语思维，有效提高应试能力。

● **实战性**：提供多套完整的模拟试题，并附有答案解析，让考生身临其境，提前备战。

网址：http://www.chineseplus.com　　电话：010-88819973　　邮箱：chinese@fltrp.com

外研社・新HSK课堂系列

978-7-5135-0427-0
定价：22.00

978-7-5600-9837-1
定价：29.00

外研社・新HSK课堂系列包含如下产品：

- "21天征服新HSK教程"系列
  《21天征服新HSK·一级教程》
  《21天征服新HSK·二级教程》
  《21天征服新HSK·三级教程》
  《21天征服新HSK·四级教程》
  《21天征服新HSK·五级教程》
  《21天征服新HSK·六级教程》

- "21天征服新HSK专项训练"系列
  《21天征服新HSK·口试》
  《21天征服新HSK·语法》
  《21天征服新HSK·写作》
  《21天征服新HSK·听力》
  《21天征服新HSK·阅读》

- "新HSK词汇"系列

- "新汉语水平考试HSK全真模拟试题"系列（含试卷、试题详解）

网址：http://www.chineseplus.com 　电话：010-88819973 　邮箱：chinese@fltrp.com